W0089143

Denecke • Romantische Harzreisen

Romantische Harzreisen

Reiseaufzeichnungen
von Joseph von Eichendorff,
Heinrich Heine
und Hans Christian Andersen
mit 12 Stahlstichen
von Ludwig Richter

Herausgegeben
von Rolf Denecke

Verlag Lax

4. Auflage
1994

CIP-Kurztitelaufnahme der Deutschen Bibliothek

Romantische Harzreisen: Reiseaufzeichnungen von Joseph von Eichendorff,
Heinrich Heine u. Hans Christian Andersen mit 12 Stahlstichen von Ludwig Richter.
Umschlag- und Titelgestaltung: Aickele & Meier, Hildesheim.
Hrsg. von Rolf Denecke. - 4. Auflage 1994 - Lax, Hildesheim
ISBN 3-7848-8201-3
NE: Denecke, Rolf [Hrsg.]; Eichendorff, Joseph von [Mitverf.];
Heine, Heinrich [Mitverf.]; Andersen, Hans Christian [Mitverf.]
© Verlag Lax, Hildesheim 1994

INHALTSVERZEICHNIS

EINLEITUNG

Im vorliegenden Buch finden sich, erstmals in einem Bande vereinigt, die vollständigen Aufzeichnungen dreier Dichter der Romantik über ihre Harzwanderungen; neben der bekannten „Harzreise" Heinrich Heines sind dies Tagebuchblätter Joseph von Eichendorffs und einige Kapitel aus Hans Christian Andersens „Reiseschatten". Einem Werk Ludwig Richters über den Harz sind die Stahlstiche entnommen.

Wer sich heute der Welt der Romantik zuwendet, der tut es gewiß nicht nur, um Unterhaltung zu suchen oder eine Art Flucht in die Vergangenheit anzutreten; vielmehr richtet gerade in unserer vom Primat der Wirtschaft und Technik beherrschten Zeit der im seelischen Bereich oft gar zu dürftig angesprochene Mensch zum Ausgleich des Entbehrten wohl den Blick bewußt oder unbewußt zurück auf literarische und künstlerische Zeugnisse einer versunkenen Epoche, deren Lebensgefühl und Wertordnung andersartig, vielleicht sogar gegensätzlich beschaffen waren. Er verspricht sich davon letzthin Anregungen und Kräfte zur Erhaltung und Entfaltung seiner gegenwärtig in vieler Hinsicht fragwürdig gewordenen geistigen Existenz.

Unbeschwert durchstreiften die vier weltweit bekannten Romantiker den Harz. Eichendorff (1788–1857) bereiste im Spätsommer 1805, nachdem er sein erstes Studiensemester in Halle beendet hatte, von dort aus das Gebirge zusammen mit seinem Bruder Wilhelm und beider Freund Schöpp. Vom Lindberg im

Mansfeldischen erblickten sie „die Anfänge des dunkelen Harzes", in Ilsenburg verließen sie ihn wieder. Heine (1797–1856) kam – ebenfalls als Student – im September 1824 aus der entgegengesetzten Richtung, von Göttingen, und gelangte bei Osterode in unser Bergland, das er bis zum Selketal beschrieb. Andersen (1805–1875) war im Frühling 1831 in seiner dänischen Heimat zu einer ersten großen Reise aufgebrochen. Ein Raddampfer hatte ihn von Kopenhagen nach Travemünde gebracht; mit der Postkutsche ging es über Lübeck in die Lüneburger Heide und von dort über Braunschweig nach Goslar. Dann durchquerte er den Harz zu Fuß bis zu seinen östlichen Ausläufern. Richter (1803–1884), den der Verleger G. Wigand beauftragt hatte, für das Werk „Das malerische und romantische Deutschland" die „Sektion Harz" zu illustrieren, hielt sich im Sommer 1836 einige Wochen lang wandernd und zeichnend zwischen dem Falkenstein im Selketal und der Staufenburg bei Bad Grund, zwischen Goslar und Sangerhausen auf.

Aber nicht nur in den mannigfachen Aspekten liegt der Anreiz, sich mit diesen Reiseaufzeichnungen zu beschäftigen; sie sind außerdem eine Fundgrube für den Volkskundler. Ludwig Richter schwebte ein Werk vor, „in welchem ... die historisch merkwürdigen Gegenden, Städte, Burgen, Klöster usw. in Verbindung mit alten Volkstrachten, Festen und Gebräuchen zu einem poetischen Gesamtbilde verarbeitet werden sollten", wie er in seinen „Lebenserinnerungen eines deutschen Malers" schrieb. Leider konnte er diese Idee gegen den Widerstand des Verlegers und der Textautoren nur unzureichend durchsetzen; Volkskundliches wurde ihm nur in ganz bescheidenem Ausmaß erlaubt, es blieb Beiwerk, doch ist es auch als solches immer noch reizvoll genug. Die Dichter, Heine und Andersen vor allem, konnten in dieser Hinsicht nach Belieben verfahren, sie erzählten Märchen und Sagen nach, die ihnen Wanderführer und andere Ortskundige mitgeteilt hatten, sie berichteten aus eigener Anschauung von alten Bräuchen und Trachten, von handwerklichen Erzeugnissen, von der Einrichtung der Wohnstuben, von den Gewohnheiten der Bergleute, kurz, vom Leben und Treiben der Harzer bis in Einzelheiten, die ohne ihre Niederschriften heute vielleicht vergessen wären.

Was aber zog so viele Romantiker gerade in den Harz? Außer Eichendorff, Heine und Andersen wanderten hier auch Tieck, Novalis, Kleist und Uhland, ohne daß die letzteren freilich ausführliche Aufzeichnungen über ihre Eindrücke hinterließen. Vielleicht kann das Gebirge mit gewisser Berechtigung als romantische Landschaft schlechthin angesprochen werden. Jedenfalls steht mit an Gewißheit grenzender Wahrscheinlichkeit fest, daß die Blaue Blume, seit Heines Darstellung der Epoche statt des ursprünglich bevorzugten Karfunkelsteins nunmehr weltbekanntes Symbol der deutschen Romantik, aus dem Harz stammt.

Im Selketal, unweit der Burg Falkenstein, erblickte der Sage nach ein armer Hirte in der Abenddämmerung „eine seltsame, ihm bislang unbekannte Blume. Auf dem rötlichen Stempel erhob sich eine blaue Kelchblüte, und ihr entströmte ein wundersamer Duft", heißt es[1]. Die merkwürdige Schatzblume – man beachte die Farbangabe, die in den meisten Schatzblumensagen fehlt! – brachte ihrem Finder großen Reichtum.

Nur 15 km von der Burg Falkenstein entfernt liegt Oberwiderstedt, wo 1772 Friedrich von Hardenberg, der sich später Novalis nannte, geboren wurde und seine Kindheit verlebte. Gewiß hatte man dem Knaben an langen Winterabenden neben anderem auch die Sage von der blauen Wunderblume im Selketal erzählt, und der von seinen Biographen als verträumt geschilderte mag das Phantasiebild der eigentümlichen Pflanze in seiner Erinnerung aufbewahrt haben, bis er sie im ersten Kapitel seines Romans „Heinrich von Ofterdingen" – nun allerdings in der Höhle eines Gebirges, dessen Beschreibung an den Kyffhäuser südlich des Harzes denken läßt noch unwirklicher als ihr Vorbild neuerlich erblühen ließ.

Sonderbarerweise wußte auch Andersen von der „Zauberblume", der „Glücksblume der Harzbewohner, die manches kindliche Herz noch in frommer Einfalt sucht", und er meinte, sie müsse wohl irqendwo im „weiten Umkreise" des Brockens wachsen,

---

[1] Hans Joachim Malberg, „Die Sage von der Tidianshöhle", aus „Sagen und Geschichten aus dem Harz", Weimar 1965, S. 48 ff.

auf dessen Gipfel er über sie nachsann[2]. Bestätigte der Däne damit den Harzer Ursprung des Symbols der Blauen Blume[3]?

Schließlich bieten die Reisetagebücher Eichendorffs, Heines und Andersens, aber auch die Zeichnungen und einige Briefstellen Richters über seine Wanderungen die Möglichkeit, das Wesen des romantischen Menschen überhaupt zu erfassen; ihn kann man nach geisteswissenschaftlichen Erkenntnissen unseres Jahrhunderts nicht nur als historische Erscheinung, sondern auch als einen zu allen Zeiten vorhandenen Charaktertyp betrachten, dessen Haltung eine der beiden möglichen Einstellungen zur Lebenswirklichkeit überhaupt darstellt[4].

„Unsterblich zu werden, das ist doch ein Gedanke, der selbst auf oft recht kindische Weise aus der armen Menschenbrust hervorleuchtet", schrieb Andersen in Mägdesprung in sein Tagebuch. Wohl jeder hat das Bestreben, auf irgendeine Weise Bleibendes zu schaffen. Das kann geschehen, indem man bei allem, was man angreift, nach Vollendung, nach zeitlos gültigen Formen trachtet; oder aber der Mensch bemüht sich, dem Unermeßlichen die ihm allein gemäße wandelbare Gestalt zu geben. Die eine Verhaltensweise ist die klassische, die andere die romantische; beide zielen auf absolute Werte und sind deshalb nicht aneinander meßbar. Ganze Kulturepochen lassen sich ebenso auf sie zurückführen wie die Wesensart des einzelnen.

Wie ist nun der Typ des romantischen Menschen, der allein hier umrissen werden soll, beschaffen? Seine Artung läßt sich weitgehend auch aus den folgenden Reiseberichten herleiten.

Der Romantik bedeutet der Mensch selbst nicht – wie der Klassik – die „Krone der Schöpfung", denn die Schöpferkraft erscheint ihm grenzenlos. Man lese aus dieser Sicht Eichendorffs Eindrücke vom Bodetal und vom Brocken, wo ihn das Gefühl von der Unermeßlichkeit der Natur überwältigte. Der Romantiker sieht seine Person nicht als Ziel und Vollendung, sondern er fühlt

---

[2] s. S .96.
[3] Die Hypothese, wonach Novalis die Blaue Blume der Vorstellungswelt von Tieck entnommen haben soll, erscheint demgegenüber unwahrscheinlich.
[4] Diesen und den folgenden Ausführungen liegt das Werk von Fritz Strich, „Deutsche Klassik und Romantik", Bern 1949, zugrunde.

10

sich umschlossen vom Universum des göttlichen Lebens. So emp-
fand Heine, wenn er bei seiner Rast mit dem Hirten in der Nähe
des Brockens „die geheime Bildungsgeschichte der Pflanzen und
das ruhige Herzklopfen des Berges" wahrnahm.

Die Natur erscheint in der romantischen Dichtung als gesetzlo-
se, ohne Vorbild schaffende Kraft. Als eine „versteinerte Phantasiewelt", ein „Labyrinth von Höhlen und Gängen" sah Andersen
die Rübeländer Höhlen, nicht als geologisches Phänomen wie vor
ihm Goethe.

Märchen, Dichtung und Traum werden dem romantischen
Menschen zur Wirklichkeit, die Wirklichkeit indessen wird ihm
zum Märchen, zur Dichtung und zum Traum; das wird bei Heine
und stärker wiederum bei Andersen spürbar, in seiner mit-
ternächtlidlen Betrachtung auf dem Brocken beispielsweise, die
ja überhaupt nahezu alle wesentlichen romantischen Züge
einschließt.

Der Romantiker versenkt sich in die Geschichte; am deutlich-
sten wird das bei Andersen, der den Harz vorwiegend als historische Landschaft sah; Eichendorff und Heine waren mehr kunst-
geschichtlich interessiert, der eine besichtigte die Gemäldegalerie
des Blankenburger Schlosses, der andere die erhalten gebliebe-
nen Kunstschätze des abgebrochenen Goslarer Doms. Heine freilich, der schon auf der Wende von der Romantik zum Realismus
des Jungen Deutschlands stand, konnte – beispielsweise beim Anblick Harzer Burgen – zum geistvollen Spötter über die Zeugen
der Vergangenheit werden.

Wenn sich auch in Heines „Harzreise" bereits eine neue geistes-
geschichtliche Epoche ankündigt und seiner Darstellung infolge-
dessen unstete Züge anhaften, so erklärt dieser Umstand allein
nicht den häufigen Stimmungswechsel, wie er sich am überzeu-
gendsten in den Aufzeichnungen über seinen Aufenthalt auf dem
Brocken nachweisen läßt. Im echten Überschwang der Gefühle,
der ihn angesichts der erhabenen Natur erfaßte, spürte er plötzlich Mephistos Pferdefuß neben sich, und es folgen Szenen, die
von einer ganz realistischen Einstellung zur Lebenswirklichkeit
zeugen; doch ist ein derartiger Umschwung ebenfalls charakteri-
stisch für das Verhalten des Romantikers, der durchaus dazu

neigt, eine selbstgeschaffene Traumwelt jederzeit nach eigenem Ermessen wieder zu zerstören.

Die Romantik empfindet Freude vielfach als Schmerz, Schmerz aber als Lust, Schönes als fürchterlich, Fürchterliches als schön, das Leben als Beginn des Todes und den Tod als Vollendung des Lebens. Besonders bei Eichendorff verschmolzen die Gegensätze. So schrieb er von der fürchterlich-schönen Teufelsmauer, und auf dem Brocken genießt er „das Fürchterlich-Schöne einiger Minuten".

Der romantische Mensch ist der sehnsüchtige Mensch schlechthin; ihn zieht es in die unendliche Ferne des Raumes. So wird er zum „Wanderer an sich", der nicht ein bestimmtes Ziel erreichen will, sondern allein um des Wanderns willen unterwegs ist. „Ich gestehe Ihnen offen", schrieb Ludwig Richter am 12. 7. 1838 einem Bekannten, der ihn begleiten wollte, „daß ich die vielleicht nicht lobenswerte Mucke habe, so eine Tour gar gern mutterseelenallein zu machen, wo ich dann ganz selig der kreuz und quer herumdussele, Zwiegespräch nur mit Fels und Wolken, Wald und Wasser halte, aber dann nichts tauge für den liebenswürdigsten Gefährten, selbst den besten Freund." So wandernd konnte er zwei Wochen lang ungefähr 50 km täglich zurücklegen, wobei er die kurzen Rasten zum Skizzieren nutzte.

Hier wird noch ein weiteres Charakteristikum sichtbar, nämlich die oft bis zur Vereinzelung gesteigerte Einsamkeit des Romantikers. Er empfindet sich als einmaliges Geschöpf der Allmacht Natur; der so allein auf sich Angewiesene sucht wohl gelegentlich auch die Nähe der Menschen, er wandert zeitweilig in Gesellschaft, wie aus den Reiseberichten hervorgeht, aber im Grunde lauscht er lieber wie Heine ungestört auf „abgebrochene Sehnsuchtslaute" der Vögel und auf das Flüstern der Bäume, und die Harzflüsse sind ihm liebenswerteste Gefährtinnen.

Schönste Erfüllung seiner unermeßlichen Sehnsucht bedeutet dem Romantiker der Tod, dessen Vorgefühl die Nacht zu erwecken vermag; in der Dunkelheit erst, die alle Grenzen auflöst und die harten Umrisse der Dinge verwischt, vollzieht sich die volle Entfaltung seiner Persönlichkeit, und es ist dem ganz gemäß, daß Eichendorff und Andersen unser Gebirge am tiefsten nicht im hellen Licht des Tages, sondern in der Dunkelheit des späten Abends und in der anbrechenden Nacht beeindruckte.

Zusammenfassend läßt sich sagen, daß das Harzerlebnis Eichendorffs und Heines, Andersens und Richters, führt man es auf die geistigseelische Grundhaltung der drei Dichter und des Malers zurück, aus dem Bereich des Zufälligen auf die Ebene des zeitlos Gültigen und damit für die Gegenwart Wesentlichen emporgehoben wird.

Dr. Rolf Denecke

JOSEPH VON EICHENDORFF

TAGEBUCH DER HARZREISE

1805

10. September

Früh nach 7 Uhr verließen wir mit Extrapost unsere verwünschte Residenz[1]. Gegen 10 Uhr erreichten wir das schöne Amt Seeburg, wo uns der herrliche Anblick der beiden unübersehbaren Seen (des Salz- und Süß-Sees) mit ihren Inseln etc. ein kleines Vorspiel der unendlichen Meeransicht[2], die unser harrte, gab. Wir stiegen ab, und kletterten über die Berge hinab bis an den Strand, wo uns das dumpfe Brausen der Wasserfläche und die vielen 1000 Wasserhühnchen, die auf den silbernen Wellen auf und ab schwankten, einen belohnenden Anblick gewährten. An dem ungeheueren See, dessen salziges Wasser wir kosteten, und rings eingeschlossen von angenehmen Weinbergen erreichten wir zu Mittag: Eisleben. Hier aßen wir dem Hause gegenüber, in welchem D. Luther geboren wurde, und setzten Nachmittag unsere Reise wieder weiter fort, und zwar in einem Wagen, welcher Schöpps Hinterstube, die ohnedies noch etwas baufällig war, bis auf ihre Grundfesten erschütterte. Gegen 5 Uhr des Abends erreichten wir das miserable Mansfeld. Wie unangenehm überraschte uns gerade hier die niederschlagende Erklärung des Postmeisters, daß wir hiesigen Orts vor künftigem Morgen ohnmöglich Pferde erhalten könnten. Gezwungen also, die Nacht hier zuzubringen, bestiegen wir den nahen Lindberg, der sich gleich neben der Stadt über Bergen von Schlacken erhebt, und siehe – unser Mißvergnügen löste sich in einen herrlichen Genuß des schönen Abends auf. Ernst und

[1] Halle an der Saale; hier hatte Eichendorff im Sommer 1805 studiert.
[2] Das Reiseziel der Brüder Eichendorff war Hamburg.

14

schauerlich schauten die alten Ruinen der Burg Mansfeld, der Schloß-
hof, die Kirche, die Zitadelle, die Ringmauern mit ihren Ziergärten
etc. aus vergangenen Zeiten in unsere Seele; zu unseren Füßen das
Städtchen mit seinen roten Ziegeldächern, und ein unübersehbares
lachendes Tal, zur Seite die Anfänge des dunkelen Harzes, rings um
uns ein lieblicher Park. – Das schöne Burgfreilein und ihr niedlicher
Knix nicht zu vergessen.

11. September

Wir setzten unsere Reise durch die uralten Bergwerkshügel, womit
die Felder unübersehbar besät sind, und unterhalten durch mancherlei
Sagen des Harzes, die uns unser Postillon erzählte, nach Ballenstedt
fort. Auf der herrlichen Chausee gleich vor der ballenstedter Residenz
hatten wir das Vergnügen, dem regierenden Fürsten von Bernburg,
der eben mit seinem Stallmeister ausritt, zu begegnen. Nachdem wir
nun hier im Hotel einige Gläser Rum zu uns genommen hatten, traten
wir endlich froh und wohlgemut unsere Fußreise an. Jeder seine
grüne Reisetasche umgehangen, den Mantel um die Rücken geschnallt
und oft plötzlich auf dem Gipfel einer Höhe durch herrliche Aussichten (z. B. auf Quedlinburg) überrascht, langten wir zu Mittag in
Gernrode an, das an dem Fuße des herrlichen Stufenberges liegt. Der
Stufenberg selbst ist nichts als Ein Garten, durch welchen sich mannigfache Gänge bis zum Gipfel schlängeln, wo ein großer prächtiger
Gasthof die müden Wanderer empfängt. Hier verzehrten auch wir
in dem kleinen Gartenstübchen mit der herrlichen Aussicht unser
Mittagessen (Bouteille Birkensaft). Welchen Genuß uns die himmlische
Aussicht bis Magdeburg von der einen Seite, in den düsteren schwar-
zen Harz von der anderen, und auf ein romantisches Dörfchen zu
Füßen, verschaffte, ist unbeschreiblich. Bald nach dem Essen nahmen
wir wieder unseren Wanderstab zur Hand, nicht ahnend, welcherlei
mannigfache Ebenteuer uns diesen Nachmittag erwarteten. Unser
Marsch teilte sich in 2 Kolonnen: Schöpp, als einstweiliger Marodeur
wanderte die gerade Straße nach Blankenburg; wir beide aber miete-
ten uns 2 Führerinnen, die unsere Gepäcke trugen, und uns über den
Mädchensprung und die Teufelsmühle nach der Drahtmühle leiten
sollten. Lange durchwandelten wir zuerst einen schönen dunkeln

Erlen- und Eichen-Wald und dann den großen Tiergarten des Fürsten Bernburg, als uns plötzlich auf einem sich herabsenkenden Hohlwege die Ansicht des echtschweizerischen Tales des Dörfchens: Mägdesprung überraschte. Alsobald erkletterten wir den Felsengipfel des unmittelbar daran stoßenden Berges: Mägdesprung und mit Schauder blickten wir hinab in die heilige Einsamkeit des schwarzen berühmten Selketals, dessen grause Stille nur durch das monotone Rauschen der Selke noch fürchterlicher gemacht wird. Von hier ging es, obschon es bereits anfing dunkel zu werden, zu der Teufelsmühle, diesem fürchterlichen Kolosse von der Natur selbst aufgetürmter Felsenmassen, die wir mit vieler Mühe erklimmten, und so mitten aus dem beengenden Dunkel des Waldes eine unbeschränkte Aussicht genossen. Bald darauf hatten wir das Vergnügen, eine Herde weidender Rehe auf einer ganz nahen Wiese zu belauschen. Nun ging es immer tiefer in die grause Nacht des unendlichen Waldes hinein. Schon blickte der Mond durch die ernsten Gipfel der Eichen, und rings um uns war es still wie in einer Gruft, als uns plötzlich etwas aus dem Dickicht anschnaubte. Wir blickten umher – und siehe – ein großer wilder Eber, eine Bache und mehrere Frischlinge standen mit blitzenden Augen vor uns. Eh wir uns besinnen können, kommt die gesamte wilde Familie mit wütenden Gebärden auf uns los, die beiden Führerinnen nehmen mit großem Angstgeschrei Reißaus, Wilhelm hinterdrein, und die Schweine beschließen verfolgend die Suite. Ich rettete mich auf einen hohen Baumstutz, bis endlich die Waldfamilie das inhumane Projekt aufgab, uns einzuholen, und seitwärts in den Forst ablenkte. Kaum hatten wir uns von diesem Schrecken erholt, als uns die beiden Führerinnen durch ihr Geständnis, sich gänzlich verirrt zu haben, nicht minder erschreckten. Nur mit matter Dämmerung beleuchtete der Mond einen unbetretnen Fußsteig, der sich endlich nach und nach auch im Dickicht verlor. So, abgeschieden von aller Welt, irrten wir, oft nach Lubowitz denkend, hin und her, und lauschten oft vergebens, ob wir nicht etwa durch die stille Nacht den Hammerschlag der Drahtmühle hören möchten, bis wir endlich nach langem Umherirren eine Schenke erreichten; da diese aber mitten im Walde lag, und wie wir durch die Fenster sahen, voll wilder bärtiger Männer war, so fanden wir es nicht für ratsam, hier mit unserem Gelde zu übernachten, sondern liefen, ohngeachtet unserer großen Mattigkeit, über Feld, Busch und Graben noch bis zum Wirtshause des nächsten

gez. v. L. Richter

gest. v. J. Carter

Osterode

gez. v. L. Richter

gest. v. Hinchliff

Die Ilsenfälle

Dorfes: Suderode, wo wir dann eine halbe Meile vom Stufenberge entfernt waren, den wir zu Mittag verlassen hatten. – Nachdem wir hier die schon schlafenden Wirtsleute mit vieler Mühe geweckt und etwas Butterbrot zu uns genommen hatten, ruhten wir auf einer elenden Streu, so gut es ging, von diesem abenteuerlichen Tage aus.

12. September

Uns weckte ein reizender Morgen. Neu gestärkt durchwandelten wir im kühlen Hauche des heiteren Morgens die lieblichsten Täler; links der finstere Harz mit den Ruinen mehrerer alten Burgen, rechts die fürchterlich-schöne Teufelsmauer, die sich vom alten Vater Brocken aus, bis nach Böhmen hin erstreckt. Nach 9 Uhr des Morgens erreichten wir das romantische Dörfchen: Thale mit dem schönen Schlosse, und dem Gebirgsstrom daneben, und bald darauf die Blechhütte am Fuße der Roßtrappe. Hier stärkten wir uns durch ein derbes Prandium und bestiegen darauf, von einem Knaben geführt auf einem steilen gefährlichen Pfade den berühmten Roßtrapp. Durch keine Um- und Beschreibelei mag ich dieses göttliche Naturschauspiel entweihen, nur durch Andeutungen einzelner Züge will ich die Phantasie aufmuntern in Stunden der schönsten Erinnerung sich das große Bild neu und lebend, allein würdig dem Original, wieder zu schaffen. Um das Ganze ganz zu genießen, möchte man einen Januskopf mitbringen. Denn die Gegend selber ist janisch. Vorn starren uralte Häupter ewiger Felsen, indes im Rücken die liebliche Jugend bunter unendlicher Täler heraußlacht. Gegenüber die ungeheuere Felsenmauer – Der unabsehbare tiefe Abgrund von Wasserfällen durchbraust – Einzelne Abreschen hangend – Über dem Abgrund schwebende Schmetterlinge wie flatternde Silberflocken, wie Sternchen in tiefer Nacht – Im Hintergrunde Aussicht in furchtbare Höhen dunkelen Schwarzwaldes. – Als wir uns mit vieler Mühe von dem Abdrucke des ungeheueren Roßhufes auf dem Gipfel des Felsens, von dem die ganze Partie den Namen hat, und auf dem wir standen, losgerissen hatten, kamen wir durch lauter schöne Gegenden (z. B. gleich anfangs der Weg, der sich am Felsenhange herumzieht; rechts zu Füßen die Bode rauschend. Schöne Aussicht nach Thale) und nach einer kurzen Ruhepause in einem lieblichen rings engeingeschlossenen Tale, endlich zu Mittag in Blankenburg an, wo Schöpp unser schon seit gestern sehnlichst harrte, und uns ein gutes Mittagessen vorausbestellt hatte. Gleich nach dem Essen begaben wir uns auf den Berg in das herrliche antique dasige Schloß, die ehemalige Residenz der Herzöge von Braunschweig, wobei die Invalidenschildwache – die schönen Mägdlein am Erker und die himmlische Aussicht zu merken. Der Haushofmeister führte uns in das Innere dieses alten Heiligtums, zu dem uralten tiefen Brunnen des Schloßhofes, in die Hofkapelle, wo außer verschiedenen Erinnerungen an alte deutsche Zeit besonders auch ein elfenbeinernes Kruzifix merkwürdig ist, und endlich in die herrliche Bildergalerie, die meistens Stücke aus dem deutschen Mittelalter enthält. In der Bildergalerie besonders merkwürdig: Die Porträts Albrecht Dürers, Lukas Cranachs, Rubens, 3 schöne französ. Prinzessinnen, Zar Peter des Großen, einer Maitresse des F[ürsten] von Braunschw[eig] aus Circassien, der Pompadour, einer weinenden Gräfin v. Flandern, die Spinnschule des Herkules von L. Cranach, ein Jesuskopf, Jesus im Tempel, und eine Skizze (die Schöpfung) alle 3 von Albrecht Dürer – Der Audienzsaal und der uralte Flügel des Schlosses, dessen gewölbte, feste hoch- und bogenfenstrige Gemächer mit einem heiligen Schauer der Vergangenheit erfüllen etc. etc. Nach dem Genusse aller dieser Schönheiten sattelten wir von neuem unsere Steckenpferde. Dieser Nachmittag war besonders echauffant. Über 2 Stunden lang führte uns die Straße, beladen mit unserer lästigen Bagage, und bei drückender Hitze immerfort bergan. Wir sahen uns daher genötigt, oft kleine Ruhepausen zu machen, worunter besonders die zur Rechten der Straße, auf einer mit Eichen regelmäßig bepflanzten Bergecke mit der herrlichen Aussicht auf das unermeßliche Tal, Blankenburg, Roßtrappe etc. am amüsantesten war. Als wir endlich ermattet auf einer freien Höhe den Ausgang aus dem unendlichen Walde, der die ganze Straße von Blankenburg einschließt, erreicht hatten, überraschte uns plötzlich und zum erstenmale der längstersehnte Anblick des alten Vater Brocken. Ernst und grauenerregend sah er uns an aus seinem düsteren Hintergrunde, schaute ehrwürdig hin über die Ebnen und Gefilde, die im Abendrote glühten, während sein Haupt noch der Tag mit lichtem Glanze verklärte. Wir konnten uns nicht enthalten, diesem ersten Ziele unserer Wanderung ein Vivat zu bringen und uns einige Zeit unter einer Eiche hinzustrecken. Als wir auf dieser weiten Ebne unter der Eiche den Sonnenuntergang abgewartet, und uns an unserem Birn-proviant etwas zu sehr gelabt hatten, schritten wir wieder mit neuem Mute weiter. Bald wurde die Gegend rings um uns immer nächtlicher, unser Fußwerk ermahnte uns immer dringender an das Nachtquartier; doch immer neue Abgründe, neue Höhen trennten uns von Elbingerode. (Mein romantisches ängstliches Zurückbleiben in dem letzten Tale). Endlich erreichten wir einen Berg, an dessen Fuße wir die Stadt zu unserem Vergnügen heraufdämmern sahen. Vor uns lagen die weiten Brockentäler, wie ein wogendes Meer, in dicke Nebel und Dämpfe gehüllt. Im Hintergrunde starrte die Riesengestalt des Brockens, gleich einer schwarzen nächtlichen Gewitterwolke; über uns flimmerten einzelne Sterne aus der dunkeln Nacht. – Hier sanken wir ermattet nieder, und rauchten unser Pfeifchen ins Tal herab. Doch bald überfiel mich hier eine Unpäßlichkeit, die mir den Weg nach Elbingerode noch sehr erschwerte und auch dort immer mehr zunahm. Auch meine nächtliche Ruhe wurde durch Wanderungen – und Hundegebell unterbrochen.

13. September

Des Morgens traten wir unsere Wanderung in die benachbarte Baumanns- und Biels-Höhle an. Die Heitre des Morgens und der angenehme Spaziergang durch das schöne enge Tal machten aller Unpäßlichkeit ein Ende, und bald erreichten wir das romantische Gebirgsdörfchen: Rübeland, wo wir (Schöpp war in Elbingerode zurückgeblieben) eine Bergmannskleidung umwarfen und von einem Bergmann geleitet, die Baumannshöhle besuchten. Als wir in der Eingangsgrotte angekommen waren, hielt unser Führer einen kleinen versifizierten Prolog, gab uns jedem eine brennende Lampe in die Hand, und so ging es mit einem: „Glück auf" in die Unterwelt hinab. Ein heiliger Schauer ergriff uns, als wir den Tag immer mehr und mehr entdämmern sahen. Bald rasselte eine kleine Türe, und wir sahen uns in der ersten Höhle. Mit frommer Ehrfurcht traten wir hinein in die tiefe öde Nacht dieses ungeheuren Gewölbes. Schauerliche Stille wohnt in dem lichtleeren Raume, nur das monotone Geräusch von der Decke herabfallender Tropfen, die sich zu Tropfstein bilden, tönt wie Geisterlispeln dazwischen. An den feuchten Tropfsteinwänden spielt der Schein der Lampen blitzend auf und ab und fast bei jedem Schritte überraschen den staunenden Wanderer menschenähnliche Gespenstergestalten, welche sich Jahrhunderte lang aus dem herabträufelnden Tropfsteinregen bildeten: z. B. Der Bischof, die betende Nonne, die Burg, die klingende Säule etc. Mit großer Mühe, ja fast mit Lebensgefahr durchkletterten wir die unterirdischen Gemächer, aus denen die Baumannshöhle besteht, auf schwebenden Leitern und auf schmalen Pfaden, die oft nur eine Spanne von unermeßlichen schwarzen Schlünden entfernt sind, und schöpften freier Atem, als wir endlich das Tageslicht wieder begrüßten. Von hier aus begaben wir uns in die Bielshöhle, welche am Abhange des entgegengesetzten Berges ihren Eingang hat. Die Bielshöhle hat das Grause der Baumannshöhle nicht, ist aber durch die Bemühungen des Steigers Becker (ihres Entdeckers) sehr bequem zu durchwandern, besitzt auch eine Menge einzelner Partien, welche sie für den Mangel an fürchterlichen Ansichten hinlänglich entschädigen; worunter die merkwürdigsten: die klingende Orgel, eine sehr täuschende betende Nonne und das wogende Meer. Nach dem Genusse aller dieser Naturschönheiten begaben wir uns wieder nach Elbingerode zurück, nahmen ein stärkendes Mittagsmahl zu uns, und traten darauf in Gesellschaft eines Bergmannes, der uns anführte und die Sachen trug, unsere Wallfahrt nach dem Brocken an. Durch wilde schauerliche Waldgegenden, welche ein ungeheuerer Windbruch noch fürchterlicher machte, näherten wir uns nun allmählich diesem altdeutschen Riesengreise, dessen majestätisches Haupt düstere Wolken dem Auge der niederen Welt verhüllten. Gegen . . Uhr erreichten wir einen einsamen gräflich Stolbergischen Meierhof, den gewöhnlichen Ruhepunkt der Brockenpilger. Hier labten wir uns an guter Milch und Kuchen. (Der gute Alte, der unseren Schöpp durchaus für niemand anderen, als einen gewissen . . . gelten lassen wollte.) Von hier aus wird der Weg immer steiler, aber auch immer überraschender. Bald anfangs durchwandelten wir eine schöne grüne Wiese, mit unzähligen sehr hohen roten Blumen geschmückt. Die Ilse und andere Quellen, welche das ebne Land als wilde Gebirgsströme durchtobten, rieseln hier in spielender Kindheit durch die einsame Landschaft. Bald darauf wurde die Gegend wilder. Rings um uns weideten schöne Herden mit ihrem Glockengeläute. Auf den hin und her wild hervorragenden Felsenmassen klimmten einsame Jäger, und Gebirgsmädchen kletterten umher und klaubten Waldbeeren. Oft blieben wir stehen und schauten in die schwarzen waldigen Täler hinab, zwischen denen sich oft plötzlich eine unbeschränkte Aussicht in ganze Länder eröffnet. Jetzt empfing uns ein Wald von kleinem aber dichtem Nadelgehölze, aus dem wir erst herauskamen, als wir den freien Gipfel der Heinrichshöhe erreicht hatten. Mit trunkenem Entzücken genossen wir hier, an die Ruinen des alten Brockenhauses gelehnt, das himmlische, unbeschreibliche Panorama, das aber leider bald durch düstres Gewölk, welches neben uns am Brocken hinschwebte, und sich dann über die Täler hinwälzte, unseren Blicken entzogen wurde. Nachdem wir uns hier der sehr kalten schneidenden Luft wegen in unsere Mäntel gewickelt hatten, tauchten wir uns wohlgemut in das wogende Meer von Wolken, welche wie Pulverdampf an uns vorüberflogen, und rings so einhüllten, daß wir einander kaum sehen und errufen konnten. Der Berg war so öde, die Wolken flohen schnell, und durch den Riß derselben tönten plötzlich die wunderbaren Melodien einer Schalmei so klagend, so herzergreifend wie aus fernen fremden Welten herüber, klang das Glockengeläute einer Herde darin, die zwischen den Wolken die furchtbare Wildnis durchklimmte. Betäubt von dem zauberischen Märchen unserer Umgebungen erreichten wir endlich gegen Abend, das große neue Brockenhaus, das wir aber nicht eher erblickten, bis wir davor standen. Wie bequem und wohltätig diese vom Grafen Stolberg-Wernigerode bloß für die unzähligen Brockenbesucher erbaute Auberge ist, kann nur ein Brockenwallfahrer verstehen. – Wir brachten den Rest des Abends in fröhlicher Ruhe zu, und unterhielten uns mit der Menge von Jahrbüchern des Brockens, worin sich jeder Reisende, oft auch mit Anmerkungen und Randglossen einschreibt. In einem dieser Bücher fanden wir auch unseren König, die Königin, und den ganzen Hofstaat, welche insgesamt bald nach Ostern dieses Jahres in Begleitung der Stolbergischen Familie (denn nach Wernigerode gehört der Berg) auf dem Brocken übernachteten. Gegen 10 Uhr trat ich noch mit dem Wirte vor das Haus, und genoß das Fürchterlich-Schöne einiger Minuten, die mir ewig unvergeßlich bleiben werden. Rings um uns starrte eine grausenvolle unbeschränkte Nacht, schwarze Wolken durchkreuzten einander in wilder Eile zu unseren Füßen, aus fernen tiefen Klüften heulte ein fürchterlicher kalter Sturm herauf. Augenblicke lang zerriß oft der Sturm die düstre Wolkendecke über uns. Dann fuhr plötzlich der helle Schein des Mondes, wie ein langer Blitz über den ganzen Himmel, und beleuchtete auf eine Sekunde mit matter Dämmerung die öde Einsamkeit. Staunend und nicht ohne inneres Leben fühlt ich in diesen Augenblicken die Abgeschiedenheit von aller Welt, die furchtbare Nähe des Himmels, und jetzt erst verstand ichs, warum gerade hier auf dem Blocksberge die Hexen tanzen sollen. – Heute Nacht schliefen wir also 3000 Fuß über den menschlichen Geschlechtern, und zwar in den vortrefflichen Betten sehr gut.

14. September

Wir standen, vom Wirte geweckt, zeitig auf, frühstückten schnell und begaben uns mit einer Pfeif Tabak alsobald ins Freie, wo ein kalter Schneewind wehte. Den Sonnenaufgang hatte uns der Nebel verhüllt; aber endlich teilten sich die Wolken und – eine kleine Welt von 800 Quadrat-Meilen lag vor unseren staunenden Blicken. Dort lag Braunschweig und Wolfenbüttel, hier zu unseren Füßen: Ilsenburg und Wernigerode mit seinen schimmernden Schlössern und roten Ziegeldächern, dort: Magdeburg, Halberstadt und Quedlinburg, untermischt mit glänzenden Seen, Flüssen und grünem Gebüsche, dorthin streckte sich die waldige Kette des schauerlichen Harzgebirges. (Einzelne weiße Wolken unter uns in der Heitre schwebend.) O Gott! wie schön ist deine Welt! riefen wir alle einmütig aus im seligen Genusse, und konnten nur mit Mühe unsere Blicke von der unermeßlichen Weite abwenden. Darauf bestiegen wir den Turm des Brockenhauses, besuchten den Hexenaltar, wo die Hexen den Walpurgisabend feiern, und wo auch wir auf dem Gipfel herumtanzten, und begaben uns dann endlich wieder mit 3 halberstädtischen Kaufleuten, die auch die Nacht auf dem Brocken zugebracht hatten, auf den Hinabweg, jeder einen Brockenstrauß auf dem Hute, welchen die Aufwärterin jedem Reisenden präsentiert, und der aus dreierlei Waldblumen, den einzigen Blocksberg-Produkten, besteht. Die Unterhaltung mit den 3 Kaufleuten erheiterte uns sehr; doch bald trennten wir uns von ihnen, indem diese über den Ilsenstein gingen, wir aber die Ilse in allen ihren Krümmungen verfolgten, und das Schauspiel der herrlichen Wasserfälle der Ilse genossen. Bald darauf wandelten wir am Fuße des Ilsensteins vorüber, dessen kahler Scheitel mit ernster Majestät sich über die dunklen Forsten erhebt, und kamen endlich zu Mittag in dem kleinen romantisch gelegenen Städtchen Ilsenburg an, wo wir die Kaufleute wieder trafen. Hier mittagmahlten wir, verabschiedeten unseren Führer, und setzten mit unseren Tornistern, allein mit Schöpp unsere Wanderung fort. Noch immer erinnerten uns einzelne schöne Aussichten an den lieben Harz, der uns jetzt im Rücken lag. Oft kehrten wir uns um, und schauten zurück auf das dunkle Gebürge und den alten Vater Brocken, den wir vielleicht zum letztenmale sahen und dachten mit Rührung der seligen Stunden, die wir dort verlebt hatten.

HEINRICH HEINE

DIE HARZREISE

1824

Schwarze Röcke, seidne Strümpfe,
Weiße, höfliche Manschetten,
Sanfte Reden, Embrassieren –
Ach, wenn sie nur Herzen hätten!

Herzen in der Brust, und Liebe,
Warme Liebe in dem Herzen –
Ach, mich tötet ihr Gesinge
Von erlognen Liebesschmerzen.

Auf die Berge will ich steigen,
Wo die frommen Hütten stehen,
Wo die Brust sich frei erschließet,
Und die freien Lüfte wehen.

Auf die Berge will ich steigen,
Wo die dunkeln Tannen ragen,
Bäche rauschen, Vögel singen,
Und die stolzen Wolken jagen.

Lebet wohl, ihr glatten Säle!
Glatte Herren! Glatte Frauen!
Auf die Berge will ich steigen,
Lachend auf euch niederschauen.

Die Stadt Göttingen, berühmt durch ihre Würste und Universität,
gehört dem Könige von Hannover und enthält 999 Feuerstellen,
diverse Kirchen, eine Entbindungsanstalt, eine Sternwarte, einen

Karzer, eine Bibliothek und einen Ratskeller, wo das Bier sehr gut ist. Der vorbeifließende Bach heißt „die Leine" und dient des Sommers zum Baden; das Wasser ist sehr kalt und an einigen Orten so breit, daß Lüder wirklich einen großen Anlauf nehmen mußte, als er hinübersprang. Die Stadt selbst ist schön und gefällt einem am besten, wenn man sie mit dem Rücken ansieht. Sie muß schon sehr lange stehen; denn ich erinnere mich, als ich vor fünf Jahren dort immatrikuliert und bald darauf konsiliiert wurde, hatte sie schon dasselbe graue, altkluge Ansehen und war schon vollständig eingerichtet mit Schnurren, Pudeln, Dissertationen, Thédansants, Wäscherinnen, Kompendien, Taubenbraten, Guelfenorden, Promotionskutschen, Pfeifenköpfen, Hofräten, Justizräten, Relegationsräten, Profaxen und anderen Faxen. Einige behaupten sogar, die Stadt sei zur Zeit der Völkerwanderung erbaut worden, jeder deutsche Stamm habe damals ein ungebundenes Exemplar seiner Mitglieder darin zurückgelassen, und davon stammten alle die Wandalen, Friesen, Schwaben, Teutonen, Sachsen, Thüringer usw., die noch heutzutage in Göttingen, hordenweis und geschieden durch Farben der Mützen und der Pfeifenquäste, über die Weenderstraße einherziehen, auf den blutigen Walstätten der Rasenmühle, des Ritschenkruges und Bovdens sich ewig untereinander herumschlagen, in Sitten und Gebräuchen noch immer wie zur Zeit der Völkerwanderung dahinleben und teils durch ihre Duces, welche Haupthähne heißen, teils durch ihr uraltes Gesetzbuch, welches Komment heißt und in den legibus barbarorum eine Stelle verdient, regiert werden.

Im allgemeinen werden die Bewohner Göttingens eingeteilt in Studenten, Professoren, Philister und Vieh, welche vier Stände doch nichts weniger als streng geschieden sind. Der Viehstand ist der bedeutendste. Die Namen aller Studenten und aller ordentlichen und unordentlichen Professoren hier herzuzählen, wäre zu weitläufig; auch sind mir in diesem Augenblicke nicht alle Studentennamen im Gedächtnisse, und unter den Professoren sind manche, die noch gar keinen Namen haben. Die Zahl der Göttinger Philister muß sehr groß sein, wie Sand, oder besser gesagt, wie Kot am Meer; wahrlich, wenn ich sie des Morgens mit ihren schmutzigen Gesichtern und weißen Rechnungen vor den Pforten des akademischen Gerichtes aufgepflanzt sah, so mochte ich kaum begreifen, wie Gott nur so viel Lumpenpack erschaffen konnte.

Ausführlicheres über die Stadt Göttingen läßt sich sehr bequem nachlesen in der Topographie derselben von K. F. H. Marx. Obzwar ich gegen den Verfasser, der mein Arzt war und mir viel Liebes erzeigte, die heiligsten Verpflichtungen hege, so kann ich doch sein Werk nicht unbedingt empfehlen, und ich muß tadeln, daß er jener falschen Meinung, als hätten die Göttingerinnen allzu große Füße, nicht streng genug widerspricht. Ja, ich habe mich sogar seit Jahr und Tag mit einer ernsten Widerlegung dieser Meinung beschäftigt, ich habe deshalb vergleichende Anatomie gehört, die seltensten Werke auf der Bibliothek exzerpiert, auf der Weenderstraße stundenlang die Füße der vorübergehenden Damen studiert, und in der grundgelehrten Abhandlung, so die Resultate dieser Studien enthalten wird, spreche ich 1. von den Füßen überhaupt, 2. von den Füßen bei den Alten, 3. von den Füßen der Elefanten, 4. von den Füßen der Göttingerinnen, 5. stelle ich alles zusammen, was über diese Füße auf Ullrichs Garten schon gesagt worden, 6. betrachte ich diese Füße in ihrem Zusammenhang und verbreite mich bei dieser Gelegenheit auch über Waden, Kniee usw., und endlich 7., wenn ich nur so großes Papier auftreiben kann, füge ich noch hinzu einige Kupfertafeln mit dem Faksimile göttingischer Damenfüße.

Es war noch sehr früh, als ich Göttingen verließ, und der Gelehrte ** lag gewiß noch im Bette und träumte wie gewöhnlich: er wandle in einem schönen Garten, auf dessen Beeten lauter weiße, mit Zitaten beschriebene Papierchen wachsen, die im Sonnenlichte lieblich glänzen, und von denen er hier und da mehrere pflückt und mühsam in ein neues Beet verpflanzt, während die Nachtigallen mit ihren süßesten Tönen sein altes Herz erfreuen.

Vor dem Weender Tore begegneten mir zwei eingeborne kleine Schulknaben, wovon der eine zum andern sagte: „Mit dem Theodor will ich gar nicht mehr umgehen, er ist ein Lumpenkerl, denn gestern wußte er nicht mal, wie der Genitiv von Mensa heißt." So unbedeutend diese Worte klingen, so muß ich sie doch wiedererzählen, ja, ich möchte sie als Stadt-Motto gleich auf das Tor schreiben lassen; denn die Jungen piepsen, wie die Alten pfeifen, und jene Worte bezeichnen ganz den engen, trocknen Notizenstolz der hochgelahrten Georgia Augusta.

Auf der Chaussee wehte frische Morgenluft, und die Vögel sangen gar freudig, und auch mir wurde allmählich wieder frisch und freudig zumute. Eine solche Erquickung tat not. Ich war die letzte Zeit nicht aus dem Pandektenstall herausgekommen, römische Kasuisten hatten mir den Geist wie mit einem grauen Spinnweb überzogen, mein Herz war wie eingeklemmt zwischen den eisernen Paragraphen selbstsüchtiger Rechtssysteme, beständig klang es mir noch in den Ohren wie „Tribonian, Justinian, Hermogenian und Dummerjahn", und ein zärtliches Liebespaar, das unter einem Baume saß, hielt ich gar für eine Corpus-juris-Ausgabe mit verschlungenen Händen. Auf der Landstraße fing es an, lebendig zu werden. Milchmädchen zogen vorüber; auch Eseltreiber mit ihren grauen Zöglingen. Hinter Weende begegneten mir der Schäfer und Doris. Dieses ist nicht das idyllische Paar, wovon Geßner singt, sondern es sind wohlbestallte Universitätspedelle, die wachsam aufpassen müssen, daß sich keine Studenten in Bovden duellieren, und daß keine neuen Ideen, die noch immer einige Dezennien vor Göttingen Quarantäne halten müssen, von einem spekulierenden Privatdozenten eingeschmuggelt werden. Schäfer grüßte mich sehr kollegialisch; denn er ist ebenfalls Schriftsteller und hat meiner in seinen halbjährigen Schriften oft erwähnt; wie er mich denn auch außerdem oft zitiert hat und, wenn er mich nicht zu Hause fand, immer so gütig war, die Zitation mit Kreide auf meine Stubentür zu schreiben. Dann und wann rollte auch ein Einspänner vorüber, wohlbepackt mit Studenten, die für die Ferienzeit oder auch für immer wegreisten. In solch einer Universitätsstadt ist ein beständiges Kommen und Abgehen, alle drei Jahre findet man dort eine neue Studentengeneration, das ist ein ewiger Menschenstrom, wo eine Semesterwelle die andere fortdrängt, und nur die alten Professoren bleiben stehen in dieser allgemeinen Bewegung, unerschütterlich fest, gleich den Pyramiden Ägyptens – nur daß in diesen Universitätspyramiden keine Weisheit verborgen ist.

Aus den Myrtenlauben bei Rauschenwasser sah ich zwei hoffnungsvolle Jünglinge hervorreiten. Ein Weibsbild, das dort sein horizontales Handwerk treibt, gab ihnen bis auf die Landstraße das Geleit, klätschelte mit geübter Hand die mageren Schenkel der Pferde, lachte laut auf, als der eine Reiter ihr hinten auf die breite Spontaneität einige Galanterien mit der Peitsche überlangte, und schob sich alsdann gen Bovden. Die Jünglinge aber jagten nach Nörten, und johlten gar geistreich, und sangen gar lieblich das Rossinische Lied: „Trink Bier, liebe, liebe Liese!" Diese Töne hörte ich noch lange in der Ferne;

doch die holden Sänger selbst verlor ich bald völlig aus dem Gesichte, sintemal sie ihre Pferde, die im Grunde einen deutsch langsamen Charakter zu haben schienen, gar entsetzlich anspornten und vorwärtspeitschten. Nirgends wird die Pferdeschinderei stärker getrieben als in Göttingen, und oft, wenn ich sah, wie solch eine schweißtriefende, lahme Kracke für das bißchen Lebensfutter von unsern Rauschenwasserrittern abgequält ward, oder wohl gar einen ganzen Wagen voll Studenten fortziehen mußte, so dachte ich auch: „O du armes Tier, gewiß haben deine Voreltern im Paradiese verbotenen Hafer gefressen!"

Im Wirtshause zu Nörten traf ich die beiden Jünglinge wieder. Der eine verzehrte einen Heringssalat, und der andere unterhielt sich mit der gelbledernen Magd, Fusia Canina, auch Trittvogel genannt. Er sagte ihr einige Anständigkeiten, und am Ende wurden sie handgemein. Um meinen Ranzen zu erleichtern, nahm ich die eingepackten blauen Hosen, die in geschichtlicher Hinsicht sehr merkwürdig sind, wieder heraus und schenkte sie dem kleinen Kellner, den man Kolibri nennt. Die Bussenia, die alte Wirtin, brachte mir unterdessen ein Butterbrot und beklagte sich, daß ich sie jetzt so selten besuche; denn sie liebt mich sehr.

Hinter Nörten stand die Sonne hoch und glänzend am Himmel. Sie meinte es recht ehrlich mit mir und erwärmte mein Haupt, daß alle unreifen Gedanken darin zur Vollreife kamen. Die liebe Wirtshaussonne in Northeim ist auch nicht zu verachten; ich kehrte hier ein und fand das Mittagessen schon fertig. Alle Gerichte waren schmackhaft zubereitet und wollten mir besser behagen als die abgeschmackten akademischen Gerichte, die salzlosen, ledernen Stockfische mit ihrem alten Kohl, die mir in Göttingen vorgesetzt wurden. Nachdem ich meinen Magen etwas beschwichtigt hatte, bemerkte ich in derselben Wirtsstube einen Herrn mit zwei Damen, die im Begriff waren abzureisen. Dieser Herr war ganz grün gekleidet, trug sogar eine grüne Brille, die auf seine rote Kupfernase einen Schein wie Grünspan warf, und sah aus, wie der König Nebukadnezar in seinen spätern Jahren ausgesehen hat, als er, der Sage nach, gleich einem Tiere des Waldes, nichts als Salat aß. Der Grüne wünschte, daß ich ihm ein Hotel in Göttingen empfehlen möchte, und ich riet ihm, dort von dem ersten besten Studenten das Hotel de Brühbach zu erfragen. Die eine Dame war die Frau Gemahlin, eine gar große, weitläufige Dame, ein rotes Quadratmeilen-Gesicht mit Grübchen in den Wangen, die wie Spucknäpfe für Liebesgötter aussahen, ein langfleischig herabhängendes Unterkinn, das eine schlechte Fortsetzung des Gesichtes zu sein schien, und ein hochaufgestapelter Busen, der mit steifen Spitzen und vielzackig festonierten Krägen, wie mit Türmchen und Bastionen umbaut war und einer Festung glich, die gewiß ebensowenig wie jene anderen Festungen, von denen Philipp von Mazedonien spricht, einem mit Gold beladenen Esel widerstehen würde. Die andere Dame, die Frau Schwester, bildete ganz den Gegensatz der eben beschriebenen. Stammte jene von Pharaos fetten Kühen, so stammte diese von den magern. Das Gesicht nur ein Mund zwischen zwei Ohren, die Brust trostlos öde wie die Lüneburger Heide; die ganze ausgekochte Gestalt glich einem Freitisch für arme Theologen. Beide Damen fragten mich zu gleicher Zeit: ob im Hotel de Brühbach auch ordentliche Leute logierten. Ich bejahte es mit gutem Gewissen, und als das holde Kleeblatt abfuhr, grüßte ich nochmals zum Fenster hinaus. Der Sonnenwirt lächelte gar schlau und mochte wohl wissen, daß der Karzer von den Studenten in Göttingen Hotel de Brühbach genannt wird.

Hinter Northeim wird es schon gebirgig, und hier und da treten schöne Anhöhen hervor. Auf dem Wege traf ich meistens Krämer, die nach der Braunschweiger Messe zogen, auch einen Schwarm Frauenzimmer, deren jedes ein großes, fast häuserhohes, mit weißem Leinen überzogenes Behältnis auf dem Rücken trug. Darin saßen allerlei eingefangene Singvögel, die beständig piepsten und zwitscherten, während ihre Trägerinnen lustig dahinhüpften und schwatzten. Mir kam es gar närrisch vor, wie so ein Vogel den andern zu Markte trägt.

In pechdunkler Nacht kam ich an zu Osterode. Es fehlte mir der Appetit zum Essen, und ich legte mich gleich zu Bette. Ich war müde wie ein Hund und schlief wie ein Gott. Im Traume kam ich wieder nach Göttingen zurück, und zwar nach der dortigen Bibliothek. Ich stand in einer Ecke des juristischen Saals, durchstöberte alte Dissertationen, vertiefte mich im Lesen, und als ich aufhörte, bemerkte ich zu meiner Verwunderung, daß es Nacht war und herabhängende Kristalleuchter den Saal erhellten. Die nahe Kirchenglocke schlug eben zwölf, die Saaltüre öffnete sich langsam, und herein trat eine stolze, gigantische Frau, ehrfurchtsvoll begleitet von den Mitgliedern und Anhängern der juristischen Fakultät. Das Riesenweib, obgleich

schon bejahrt, trug dennoch im Antlitz die Züge einer strengen Schönheit, jeder ihrer Blicke verriet die hohe Titanin, die gewaltige Themis,
Schwert und Waage hielt sie nachlässig zusammen in der einen
Hand, in der andern hielt sie eine Pergamentrolle, zwei junge
Doctores juris trugen die Schleppe ihres grau verblichenen Gewan-
des; an ihrer rechten Seite sprang windig hin und her der dünne
Hofrat Rustikus, der Lykurg Hannovers, und deklamierte aus seinem
neuen Gesetzentwurf; an ihrer linken Seite humpelte, gar galant und
wohlgelaunt, ihr Cavaliere servente, der Geheime Justizrat Cajacius,
und riß beständig juristische Witze, und lachte selbst darüber so
herzlich, daß sogar die ernste Göttin sich mehrmals lächelnd zu ihm
herabbeugte, mit der großen Pergamentrolle ihm auf die Schulter
klopfte und freundlich flüsterte: „Kleiner, loser Schalk, der die
Bäume von oben herab beschneidet!" Jeder von den übrigen Herren
trat jetzt ebenfalls näher und hatte etwas hin zu bemerken und hin
zu lächeln, etwa ein neu ergrübeltes Systemchen oder Hypotheschen
oder ähnliches Mißgebürtchen des eigenen Köpfchens. Durch die
geöffnete Saaltür traten auch noch mehrere fremde Herren herein,
die sich als die andern großen Männer des illustren Ordens kund-
gaben, meistens eckige, lauernde Gesellen, die mit breiter Selbst-
zufriedenheit gleich drauf los definierten und distinguierten und über
jedes Titelchen eines Pandektentitels disputierten. Und immer kamen
noch neue Gestalten herein, alte Rechtsgelehrte in verschollenen
Trachten, mit weißen Allongeperücken und längst vergessenen Gesichtern, und sehr erstaunt, daß man sie, die Hochberühmten des
verflossenen Jahrhunderts, nicht sonderlich regardierte; und diese
stimmten nun ein, auf ihre Weise, in das allgemeine Schwatzen und
Schrillen und Schreien, das wie Meeresbrandung immer verwirrter
und lauter die hohe Göttin umrauschte, bis diese die Geduld verlor
und in einem Tone des entsetzlichsten Riesenschmerzes plötzlich auf-
schrie: „Schweigt! schweigt! ich höre die Stimme des teuren Prome-
theus, die höhnende Kraft und die stumme Gewalt schmieden den
Schuldlosen an den Marterfelsen, und all euer Geschwätz und Ge-
zänke kann nicht seine Wunden kühlen und seine Fesseln zerbrechen!
So rief die Göttin, und Tränenbäche stürzten aus ihren Augen, die
ganze Versammlung heulte wie von Todesangst ergriffen, die Decke
des Saales krachte, die Bücher taumelten herab von ihren Brettern,
vergebens trat der alte Münchhausen aus seinem Rahmen hervor,

30

um Ruhe zu gebieten, es tobte und kreischte immer wilder, – und fort aus diesem drängenden Tollhauslärm rettete ich mich in den historischen Saal, nach jener Gnadenstelle, wo die heiligen Bilder des belvederischen Apolls und der mediceischen Venus nebeneinander stehen, und ich stürzte zu den Füßen der Schönheitsgöttin, in ihrem Anblick vergaß ich all das wüste Treiben, dem ich entronnen, meine Augen tranken entzückt das Ebenmaß und die ewige Lieblichkeit ihres hochgebenedeiten Leibes, griechische Ruhe zog durch meine Seele, und über mein Haupt, wie himmlischen Segen, goß seine süßesten Lyraklänge Phöbus Apollo.

Erwachend hörte ich noch immer ein freundliches Klingen. Die Herden zogen auf die Weide, und es läuteten ihre Glöckchen. Die liebe, goldene Sonne schien durch das Fenster und beleuchtete die Schildereien an den Wänden des Zimmers. Es waren Bilder aus dem Befreiungskriege, worauf treu dargestellt stand, wie wir alle Helden waren, dann auch Hinrichtungsszenen aus der Revolutionszeit, Ludwig XVI. auf der Guillotine, und ähnliche Kopfabschneidereien, die man gar nicht ansehen kann, ohne Gott zu danken, daß man ruhig im Bette liegt und guten Kaffee trinkt und den Kopf noch so recht komfortabel auf den Schultern sitzen hat.

Nachdem ich Kaffe getrunken, mich angezogen, die Inschriften auf den Fensterscheiben gelesen und alles im Wirtshause berichtigt hatte, verließ ich Osterode.

Die Stadt hat soundso viel Häuser, verschiedene Einwohner, worunter auch mehrere Seelen, wie in Gottschalks „Taschenbuch für Harzreisende" genauer nachzulesen ist. Ehe ich die Landstraße einschlug, bestieg ich die Trümmer der uralten Osteroder Burg. Sie bestehen nur noch aus der Hälfte eines großen, dickmaurigen, wie von Krebsschäden angefressenen Turms. Der Weg nach Clausthal führte mich wieder bergauf, und von einer der ersten Höhen schaute ich nochmals hinab in das Tal, wo Osterode mit seinen roten Dächern aus den grünen Tannenwäldern hervorguckt wie eine Moosrose. Die Sonne gab eine gar liebe, kindliche Beleuchtung. Von der erhaltenen Turmhälfte erblickt man hier die imponierende Rückseite.

Nachdem ich eine Strecke gewandert, traf ich zusammen mit einem reisenden Handwerksburschen, der von Braunschweig kam und mir als ein dortiges Gerücht erzählte: der junge Herzog sei auf dem Wege nach dem Gelobten Lande von den Türken gefangen worden und könne nur gegen ein großes Lösegeld freikommen. Die große Reise des Herzogs mag diese Sage veranlaßt haben. Das Volk hat noch immer den traditionell fabelhaften Ideengang, der sich so lieblich ausspricht in seinem „Herzog Ernst". Der Erzähler jener Neuigkeit war ein Schneidergesell, ein niedlicher, kleiner junger Mensch, so dünn, daß die Sterne durchschimmern konnten, wie durch Ossians Nebelgeister, und im ganzen eine volkstümlich barocke Mischung von Laune und Wehmut. Dieses äußerte sich besonders in der drollig rührenden Weise, womit er das wunderbare Volkslied sang: „Ein Käfer auf dem Zaune saß; summ, summ!" Das ist schön bei uns Deutschen; keiner ist so verrückt, daß er nicht einen noch Verrückteren fände, der ihn versteht. Nur ein Deutscher kann jenes Lied nachempfinden und sich dabei totlachen und totweinen. Wie tief das Goethesche Wort ins Leben des Volkes gedrungen, bemerkte ich auch hier. Mein dünner Weggenosse trillerte ebenfalls zuweilen vor sich hin: „Leidvoll und freudvoll, Gedanken sind frei!" Solche Korruption des Textes ist beim Volke etwas Gewöhnliches. Er sang auch ein Lied, wo „Lottchen bei dem Grabe ihres Werthers" trauert. Der Schneider zerfloß vor Sentimentalität bei den Worten: „Einsam wein' ich an der Rosenstelle, wo uns oft der späte Mond belauscht! Jammernd irr' ich an der Silberquelle, die uns lieblich Wonne zugerauscht." Aber bald darauf ging er in Mutwillen über und erzählte mir: „Wir haben einen Preußen in der Herberge zu Kassel, der eben solche Lieder selbst macht; er kann keinen seligen Stich nähen; hat er einen Groschen in der Tasche, so hat er für zwei Groschen Durst, und wenn er im Tran ist, hält er den Himmel für ein blaues Kamisol, und weint wie eine Dachtraufe, und singt ein Lied mit der doppelten Poesie!" Von letzterem Ausdruck wünschte ich eine Erklärung, aber mein Schneiderlein mit seinen Ziegenhainer Beinchen hüpfte hin und her und rief beständig: „Die doppelte Poesie ist die doppelte Poesie!" Endlich brachte ich es heraus, daß er doppelt gereimte Gedichte, namentlich Stanzen, im Sinne hatte. — Unterdes, durch die große Bewegung und durch den konträren Wind, war der Ritter von der Nadel sehr müde geworden. Er machte freilich noch einige große Anstalten zum Gehen und bramabasierte: „Jetzt will ich den Weg zwischen die Beine nehmen!" Doch bald klagte er, daß er sich Blasen unter die Füße gegangen und die Welt viel zu weitläuftig sei; und endlich, bei einem Baumstamme, ließ er sich sachte niedersinken, bewegte sein zartes Häuptlein wie

gez. v. L. Richter

gest. v. Woods

Gegend um Goslar

gez. v. L. Richter

gest. v. A. Dworzack in Wien

Clausthal

ein betrübtes Lämmerschwänzchen, und wehmütig lächelnd rief er: „Da bin ich armes Schindluderchen schon wieder marode!"

Die Berge wurden hier noch steiler, die Tannenwälder wogten unten wie ein grünes Meer, und am blauen Himmel oben schifften die weißen Wolken. Die Wildheit der Gegend war durch ihre Einheit und Einfachheit gleichsam gezähmt. Wie ein guter Dichter liebt die Natur keine schroffen Übergänge. Die Wolken, so bizarr gestaltet sie auch zuweilen erscheinen, tragen ein weißes oder doch ein mildes, mit dem blauen Himmel und der grünen Erde harmonisch korrespondierendes Kolorit, so daß alle Farben einer Gegend wie leise Musik ineinander schmelzen und jeder Naturanblick krampfstillend und gemütberuhigend wirkt. – Der selige Hoffmann würde die Wolken buntscheckig bemalt haben. – Eben wie ein großer Dichter weiß die Natur auch mit den wenigsten Mitteln die größten Effekte hervorzubringen. Da sind nur eine Sonne, Bäume, Blumen, Wasser und Liebe. Freilich, fehlt letztere im Herzen des Beschauers, so mag das Ganze wohl einen schlechten Anblick gewähren, und die Sonne hat dann bloß soundso viel Meilen im Durchmesser, und die Bäume sind gut zum Einheizen, und die Blumen werden nach den Staubfäden klassifiziert, und das Wasser ist naß.

Ein kleiner Junge, der für seinen kranken Oheim im Walde Reisig suchte, zeigte mir das Dorf Lerbach, dessen kleine Hütten mit grauen Dächern sich über eine halbe Stunde durch das Tal hinziehen. „Dort", sagte er, „wohnen dumme Kropfleute und weiße Mohren" – mit letzterem Namen werden die Albinos vom Volke benannt. Der kleine Junge stand mit den Bäumen in gar eigenem Einverständnis; er grüßte sie wie gute Bekannte, und sie schienen rauschend seinen Gruß zu erwidern. Er pfiff wie ein Zeisig, ringsum antworteten zwitschernd die andern Vögel, und ehe ich mich dessen versah, war er mit seinen nackten Füßchen und seinem Bündel Reisig ins Walddickicht fortgesprungen. Die Kinder, dacht ich, sind jünger als wir, können sich noch erinnern, wie sie ebenfalls Bäume oder Vögel waren, und sind also noch imstande, dieselben zu verstehen; unsereins aber ist schon alt und hat zu viel Sorgen, Jurisprudenz und schlechte Verse im Kopf. Jene Zeit, wo es anders war, trat mir bei meinem Eintritt in Clausthal wieder recht lebhaft ins Gedächtnis. In dieses nette Bergstädtchen, welches man nicht früher erblickt, als bis man davorsteht, gelangte ich, als eben die Glocke zwölf schlug und die Kinder jubelnd aus der

Schule kamen. Die lieben Knaben, fast alle rotbäckig, blauäugig und flachshaarig, sprangen und jauchzten, und weckten in mir die wehmütig heitere Erinnerung, wie ich einst selbst als ein kleines Bübchen in einer dumpf-katholischen Klosterschule zu Düsseldorf den ganzen lieben Vormittag von der hölzernen Bank nicht aufstehen durfte, und so viel Latein, Prügel und Geographie ausstehen mußte, und dann ebenfalls unmäßig jauchzte und jubelte, wenn die alte Franziskanerglocke endlich zwölf schlug. Die Kinder sahen an meinem Ranzen, daß ich ein Fremder sei, und grüßten mich recht gastfreundlich. Einer der Knaben erzählte mir, sie hätten eben Religionsunterricht gehabt, und er zeigte mir den königl. hannov. Katechismus, nach welchem man ihnen das Christentum abfragt. Dieses Büchlein war sehr schlecht gedruckt, und ich fürchte, die Glaubenslehren machen dadurch schon gleich einen unerfreulich löschpapierigen Eindruck auf die Gemüter der Kinder; wie es mir denn auch erschrecklich mißfiel, daß das Einmaleins, welches doch mit der heiligen Dreiheitslehre bedenklich kollidiert, im Katechismus selbst, und zwar auf dem letzten Blatte desselben, abgedruckt ist und die Kinder dadurch schon frühzeitig zu sündhaften Zweifeln verleitet werden können. Da sind wir im Preußischen viel klüger, und bei unserem Eifer zur Bekehrung jener Leute, die sich so gut aufs Rechnen verstehen, hüten wir uns wohl, das Einmaleins hinter dem Katechismus abdrucken zu lassen.

In der „Krone" zu Clausthal hielt ich Mittag. Ich bekam frühlingsgrüne Petersiliensuppe, veilchenblauen Kohl, einen Kalbsbraten, groß wie der Chimborasso in Miniatur, sowie auch eine Art geräucherter Heringe, die Bückinge heißen, nach dem Namen ihres Erfinders, Wilhelm Bücking, der 1447 gestorben und um jener Erfindung willen von Karl V. so verehrt wurde, daß derselbe Anno 1556 von Middelburg nach Bievlied in Seeland reiste, bloß um dort das Grab dieses großen Mannes zu sehen. Wie herrlich schmeckt doch solch ein Gericht, wenn man die historischen Notizen dazu weiß und es selbst verzehrt! Nur der Kaffee nach Tische wurde mir verleidet, indem sich ein junger Mensch diskursierend zu mir setzte und so entsetzlich schwadronierte, daß die Milch auf dem Tische sauer wurde. Es war ein junger Handlungsbeflissener mit fünfundzwanzig bunten Westen und ebensoviel goldenen Petschaften, Ringen, Brustnadeln usw. Er sah aus wie ein Affe, der eine rote Jacke angezogen hat und nun zu sich selber sagt: Kleider machen Leute. Eine ganze Menge Scharaden wußte er aus-

34

wendig, sowie auch Anekdoten, die er immer da anbrachte, wo sie am wenigsten paßten. Er fragte mich, was es in Göttingen Neues gäbe, und ich erzählte ihm: daß vor meiner Abreise von dort ein Dekret des akademischen Senats erschienen, worin bei drei Taler Strafe verboten wird, den Hunden die Schwänze abzuschneiden, indem die tollen Hunde in den Hundstagen die Schwänze zwischen den Beinen tragen, und man sie dadurch von den nichttollen unterscheidet, was doch nicht geschehen könnte, wenn sie gar keine Schwänze haben. – Nach Tische machte ich mich auf den Weg, die Gruben, die Silberhütten und die Münze zu besuchen.

In den Silberhütten habe ich, wie oft im Leben, den Silberblick verfehlt. In der Münze traf ich es schon besser und konnte zusehen, wie das Geld gemacht wird. Freilich, weiter hab' ich es auch nie bringen können. Ich hatte bei solcher Gelegenheit immer das Zusehen, und ich glaube, wenn mal die Taler vom Himmel herunter regneten, so bekäme ich davon nur Löcher in den Kopf, während die Kinder Israel die silberne Manna mit lustigem Mute einsammeln würden. Mit einem Gefühle, worin gar komisch Ehrfurcht und Rührung gemischt waren, betrachtete ich die neugebornen, blanken Taler, nahm einen, der eben vom Prägstocke kam, in die Hand, und sprach zu ihm: Junger Taler! welche Schicksale erwarten dich! wieviel Gutes und wieviel Böses wirst du stiften! wie wirst du das Laster beschützen und die Tugend flicken, wie wirst du geliebt und dann wieder verwünscht werden! wie wirst du schwelgen, kuppeln, lügen und morden helfen! wie wirst du rastlos umherirren durch reine und schmutzige Hände, jahrhundertelang, bis du endlich schuldbeladen und sündenmüd versammelt wirst zu den Deinigen im Schoße Abrahams, der dich einschmelzt und läutert und umbildet zu einem neuen, besseren Sein.

Das Befahren der zwei vorzüglichsten Clausthaler Gruben, der „Dorothea" und „Karolina", fand ich sehr interessant und ich muß ausführlich davon erzählen.

Eine halbe Stunde vor der Stadt gelangt man zu zwei großen, schwärzlichen Gebäuden. Dort wird man gleich von den Bergleuten in Empfang genommen. Diese tragen dunkle, gewöhnlich stahlblaue, weite, bis über den Bauch herabhängende Jacken, Hosen von ähnlicher Farbe, ein hinten aufgebundenes Schurzfell und kleine grüne Filzhüte, ganz randlos wie ein abgekappter Kegel. In eine solche Tracht, bloß ohne Hinterleder, wird der Besuchende ebenfalls eingekleidet, und ein Bergmann, ein Steiger, nachdem er sein Grubenlicht angezündet, führt ihn nach einer dunkeln Öffnung, die wie ein Kaminfegeloch aussieht, steigt bis an die Brust hinab, gibt Regeln, wie man sich an den Leitern festzuhalten habe, und bittet, angstlos zu folgen. Die Sache selbst ist nichts weniger als gefährlich; aber man glaubt es nicht im Anfang, wenn man gar nichts vom Bergwerkswesen versteht. Es gibt schon eine eigene Empfindung, daß man sich ausziehen und die dunkle Delinquententracht anziehen muß. Und nun soll man auf allen vieren hinabklettern, und das dunkle Loch ist so dunkel, und Gott weiß, wie lang die Leiter sein mag. Aber bald merkt man doch, daß es nicht eine einzige, in die schwarze Ewigkeit hinablaufende Leiter ist, sondern daß es mehrere von fünfzehn bis zwanzig Sprossen sind, deren jede auf ein kleines Brett führt, worauf man stehen kann, und worin wieder ein neues Loch nach einer neuen Leiter hinableitet. Ich war zuerst in die Karolina gestiegen. Das ist die schmutzigste und unerfreulichste Karolina, die ich je kennengelernt habe. Die Leitersprossen sind kotig naß. Und von einer Leiter zur andern geht's hinab, und der Steiger voran, und dieser beteuert immer: es sei gar nicht gefährlich, nur müsse man sich mit den Händen fest an den Sprossen halten, und nicht nach den Füßen sehen, und nicht schwindlicht werden, und nur beileibe nicht auf das Seitenbrett treten, wo jetzt das schnurrende Tonnenseil heraufgeht, und wo vor vierzehn Tagen ein unvorsichtiger Mensch hinuntergestürzt und leider den Hals gebrochen. Da unten ist ein verworrenes Rauschen und Summen, man stößt beständig an Balken und Seile, die in Bewegung sind, um die Tonnen mit geklopften Erzen oder das hervorgesinterte Wasser herauf zu winden. Zuweilen gelangt man auch in durchgehauene Gänge, Stollen genannt, wo man das Erz wachsen sieht, und wo der einsame Bergmann den ganzen Tag sitzt und mühsam mit dem Hammer die Erzstücke aus der Wand herausklopft. Bis in die unterste Tiefe, wo man, wie einige behaupten, schon hören kann, wie die Leute in Amerika „Hurra, Lafayette!" schreien, bin ich nicht gekommen; unter uns gesagt, dort, bis wohin ich kam, schien es mir bereits tief genug: – immerwährendes Brausen und Sausen, unheimliche Maschinenbewegung, unterirdisches Quellengeriesel, von allen Seiten herabtriefendes Wasser, qualmig aufsteigende Erddünste, und das Grubenlicht immer bleicher hineinflimmernd in die einsame Nacht. Wirklich, es war betäubend, das Atmen wurde mir schwer, und mit Mühe hielt ich mich an den glitschrigen Leitersprossen. Ich habe keinen Anflug von sogenannter Angst empfunden, aber, seltsam genug, dort unten in der Tiefe erinnerte ich mich, daß ich im vorigen Jahre ungefähr um dieselbe Zeit einen Sturm auf der Nordsee erlebte, und ich meinte jetzt, es sei doch eigentlich recht traulich angenehm, wenn das Schiff hin und her schaukelt, die Winde ihre Trompeterstückchen losblasen, zwischendrein der lustige Matrosenlärm erschallt und alles frisch überschauert wird von Gottes lieber, freier Luft. Ja, Luft! – Nach Luft schnappend stieg ich einige Dutzend Leitern wieder in die Höhe, und mein Steiger führte mich durch einen schmalen, sehr langen, in den Berg gehauenen Gang nach der Grube Dorothea. Hier ist es luftiger und frischer, und die Leitern sind reiner, aber auch länger und steiler als in der Karolina. Hier wurde mir auch besser zumute, besonders da ich wieder Spuren lebendiger Menschen gewahrte. In der Tiefe zeigten sich nämlich wandelnde Schimmer; Bergleute mit ihren Grubenlichtern kamen allmählich in die Höhe mit dem Gruße „Glück auf!" und mit demselben Wiedergruße von unserer Seite stiegen sie an uns vorüber; und wie eine befreundet ruhige und doch zugleich quälend rätselhafte Erinnerung trafen mich mit ihren tiefsinnig klaren Blicken die ernstfrommen, etwas blassen und vom Grubenlicht geheimnisvoll beleuchteten Gesichter dieser jungen und alten Männer, die in ihren dunkeln, einsamen Bergschachten den ganzen Tag gearbeitet hatten und sich jetzt hinaufsehnten nach dem lieben Tageslicht und nach den Augen von Weib und Kind.

Mein Cicerone selbst war eine kreuzehrliche, pudeldeutsche Natur. Mit innerer Freudigkeit zeigte er mir jene Stelle, wo der Herzog von Cambridge, als er die Grube befahren, mit seinem ganzen Gefolge gespeist hat, und wo noch der lange hölzerne Speisetisch steht, sowie auch der große Stuhl von Erz, worauf der Herzog gesessen. Dieser bleibe zum ewigen Andenken stehen, sagte der gute Bergmann, und mit Feuer erzählte er: wie viele Festlichkeiten damals stattgefunden, wie der ganze Stollen mit Lichtern, Blumen und Laubwerk verziert gewesen, wie ein Bergknappe die Zither gespielt und gesungen, wie der vergnügte, liebe, dicke Herzog sehr viele Gesundheiten ausgetrunken habe, und wie viele Bergleute und er selbst ganz besonders, sich gern würden totschlagen lassen für den lieben, dicken Herzog und das ganze Haus Hannover. – Innig rührt es mich jedesmal, wenn ich sehe, wie sich dieses Gefühl der Untertanstreue in seinen einfachen Naturlauten ausspricht. Es ist ein so schönes Gefühl! Und es ist ein so wahrhaft deutsches Gefühl! Andere Völker mögen gewandter sein und witziger und ergötzlicher; aber keins ist so treu wie das treue deutsche Volk. Wüßte ich nicht, daß die Treue so alt ist wie die Welt, so würde ich glauben, ein deutsches Herz habe sie erfunden. Deutsche Treue! sie ist keine moderne Adressenfloskel. An euren Höfen, ihr deutschen Fürsten, sollte man singen und wieder singen das Lied von dem getreuen Eckart und dem bösen Burgund, der ihm die lieben Kinder töten lassen, und ihn alsdann doch noch immer treu befunden hat. Ihr habt das treueste Volk, und ihr irrt, wenn ihr glaubt, der alte, verständige, treue Hund sei plötzlich toll geworden und schnappe nach euren geheiligten Waden.

Wie die deutsche Treue, hatte uns jetzt das kleine Grubenlicht ohne viel Geflacker still und sicher geleitet durch das Labyrinth der Schachte und Stollen; wir stiegen hervor aus der dumpfigen Bergnacht, das Sonnenlicht strahlt' – Glück auf!

Die meisten Bergarbeiter wohnen in Clausthal und in dem damit verbundenen Bergstädtchen Zellerfeld. Ich besuchte mehrere dieser wackern Leute, betrachtete ihre kleine häusliche Einrichtung, hörte einige ihrer Lieder, die sie mit der Zither, ihrem Lieblingsinstrumente, gar hübsch begleiten, ließ mir alte Bergmärchen von ihnen erzählen und auch die Gebete hersagen, die sie in Gemeinschaft zu halten pflegen, ehe sie in den dunkeln Schacht hinuntersteigen, und manches gute Gebet habe ich mitgebetet. Ein alter Steiger meinte sogar, ich sollte bei ihnen bleiben und Bergmann werden; und als ich dennoch Abschied nahm, gab er mir einen Auftrag an seinen Bruder, der in der Nähe von Goslar wohnt, und viele Küsse für seine liebe Nichte.

So stillstehend ruhig auch das Leben dieser Leute erscheint, so ist es dennoch ein wahrhaftes, lebendiges Leben. Die steinalte, zitternde Frau, die, dem großen Schranke gegenüber, hinterm Ofen saß, mag dort schon ein Vierteljahrhundert lang gesessen haben, und ihr Denken und Fühlen ist gewiß innig verwachsen mit allen Ecken dieses Ofens und allen Schnitzeleien dieses Schrankes. Und Schrank und Ofen leben, denn ein Mensch hat ihnen einen Teil seiner Seele eingeflößt.

Nur durch solch tiefes Anschauungsleben, durch die „Unmittelbarkeit" entstand die deutsche Märchenfabel, deren Eigentümlichkeit darin besteht, daß nicht nur die Tiere und Pflanzen, sondern auch ganz leblos scheinende Gegenstände sprechen und handeln. Sinnigem, harmlosem Volke in der stillen, umfriedeten Heimlichkeit seiner niedern Berg- oder Waldhütten offenbarte sich das innere Leben solcher Gegenstände, diese gewannen einen notwendigen, konsequenten Charakter, eine süße Mischung von phantastischer Laune und rein menschlicher Gesinnung; und so sehen wir im Märchen, wunderbar und doch, als wenn es sich von selbst verstände: Nähnadel und Stecknadel kommen von der Schneiderherberge und verirren sich im Dunkeln; Strohhalm und Kohle wollen über den Bach setzen und verunglücken; Schippe und Besen stehen auf der Treppe und zanken und schmeißen sich; der befragte Spiegel zeigt das Bild der schönsten Frau; sogar die Blutstropfen fangen an zu sprechen, bange, dunkle Worte des besorglichsten Mitleids. – Aus demselben Grunde ist unser Leben in der Kindheit so unendlich bedeutend, in jener Zeit ist uns alles gleich wichtig, wir hören alles, wir sehen alles, bei allen Eindrücken ist Gleichmäßigkeit, statt daß wir späterhin absichtlicher werden, uns mit dem Einzelnen ausschließlicher beschäftigen, das klare Gold der Anschauung für das Papiergeld der Bücherdefinitionen mühsam einwechseln und an Lebensbreite gewinnen, was wir an Lebenstiefe verlieren. Jetzt sind wir ausgewachsene, vornehme Leute; wir beziehen oft neue Wohnungen, die Magd räumt täglich auf und verändert nach Gutdünken die Stellung der Möbel, die uns wenig interessieren, da sie entweder neu sind oder heute dem Hans, morgen dem Isaak gehören; selbst unsere Kleider bleiben uns fremd, wir wissen kaum, wieviel Knöpfe an dem Rocke sitzen, den wir eben jetzt auf dem Leibe tragen; wir wechseln ja so oft als möglich mit Kleidungsstücken, keines derselben bleibt im Zusammenhange mit unserer inneren und äußeren Geschichte; – kaum vermögen wir uns zu erinnern, wie jene braune Weste aussah, die uns einst so viel Gelächter zugezogen hat, und auf deren breiten Streifen dennoch die liebe Hand der Geliebten so lieblich ruhte!

Die alte Frau, dem großen Schrank gegenüber, hinterm Ofen, trug einen geblümten Rock von verschollenem Zeuge, das Brautkleid ihrer seligen Mutter. Ihr Urenkel, ein als Bergmann gekleideter blonder, blitzäugiger Knabe, saß zu ihren Füßen und zählte die Blumen ihres Rockes, und sie mag ihm von diesem Rocke wohl schon viele Geschichtchen erzählt haben, viele ernsthafte, hübsche Geschichten, die der Junge gewiß nicht sobald vergißt, die ihm noch oft vorschweben werden, wenn er bald als ein erwachsener Mann in den nächtlichen Stollen der Karolina einsam arbeitet, und die er vielleicht wieder erzählt, wenn die liebe Großmutter längst tot ist und er selber, ein silberhaariger, erloschener Greis, im Kreise seiner Enkel sitzt, dem großen Schranke gegenüber, hinterm Ofen.

Ich blieb die Nacht ebenfalls in der Krone, wo unterdessen auch der Hofrat B. aus Göttingen angekommen war. Ich hatte das Vergnügen, dem alten Herrn meine Aufwartung zu machen. Als ich mich ins Fremdenbuch einschrieb und im Monat Juli blätterte, fand ich auch den vielteuern Namen Adalbert von Chamisso, den Biographen des unsterblichen Schlemihl. Der Wirt erzählte mir: dieser Herr sei in einem unbeschreibbar schlechten Wetter angekommen und in einem ebenso schlechten Wetter wieder abgereist.

Den andern Morgen mußte ich meinen Ranzen nochmals erleichtern, das eingepackte Paar Stiefel warf ich über Bord, und ich hob auf meine Füße und ging nach Goslar. Ich kam dahin, ohne zu wissen wie. Nur soviel kann ich mich erinnern: ich schlenderte wieder bergauf, bergab; schaute hinunter in manches hübsche Wiesental; silberne Wasser brausten, süße Waldvögel zwitscherten, die Herdenglöckchen läuteten, die mannigfaltig grünen Bäume wurden von der lieben Sonne goldig angestrahlt, und oben war die blauseidene Decke des Himmels so durchsichtig, daß man tief hinein schauen konnte bis ins Allerheiligste, wo die Engel zu den Füßen Gottes sitzen und in den Zügen seines Antlitzes den Generalbaß studieren. Ich aber lebte noch in dem Traum der vorigen Nacht, den ich nicht aus meiner Seele verscheuchen konnte. Es war das alte Märchen, wie ein Ritter hinabsteigt in einen tiefen Brunnen, wo unten die schönste Prinzessin zu einem starren Zauberschlafe verwünscht ist. Ich selbst war der Ritter, und der Brunnen die dunkle Clausthaler Grube, und plötzlich erschienen viele Lichter, aus allen Seitenlöchern stürzten die wachsamen Zwerglein, schnitten zornige Gesichter, hieben nach mir mit ihren kurzen Schwertern, bliesen gellend ins Horn, daß immer mehr und mehre herzu eilten, und es wackelten entsetzlich ihre breiten Häupter. Wie ich darauf zuschlug und das Blut herausfloß, merkte ich erst, daß es die rotblühenden, langbärtigen Distelköpfe waren, die ich den Tag vorher an der Landstraße mit dem Stocke abgeschlagen hatte. Da waren sie auch gleich alle verscheucht, und ich gelangte in einen

40

hellen Prachtsaal; in der Mitte stand, weiß verschleiert, und wie eine Bildsäule starr und regungslos, die Herzgeliebte, und ich küßte ihren Mund, und, beim lebendigen Gott! ich fühlte den beseligenden Hauch ihrer Seele und das süße Beben der lieblichen Lippen. Es war mir, als hörte ich, wie Gott rief: „Es werde Licht!" Blendend schoß herab ein Strahl des ewigen Lichts; aber in demselben Augenblick wurde es wieder Nacht, und alles rann chaotisch zusammen in ein wildes, wüstes Meer. Ein wildes, wüstes Meer! Über das gärende Wasser jagten ängstlich die Gespenster der Verstorbenen, ihre weißen Totenhemden flatterten im Wind; hinter ihnen her, hetzend, mit klatschender Peitsche lief ein buntscheckiger Harlekin, und dieser war ich selbst – und plötzlich aus den dunkeln Wellen reckten die Meerungetüme ihre mißgestalteten Häupter und langten nach mir mit ausgebreiteten Krallen, und vor Entsetzen erwacht' ich.

Wie doch zuweilen die allerschönsten Märchen verdorben werden! Eigentlich muß der Ritter, wenn er die schlafende Prinzessin gefunden hat, ein Stück aus ihrem kostbaren Schleier herausschneiden; und wenn durch seine Kühnheit ihr Zauberschlaf gebrochen ist und sie wieder in ihrem Palast auf dem goldenen Stuhle sitzt, muß der Ritter zu ihr treten und sprechen: Meine allerschönste Prinzessin, kennst du mich? Und dann antwortet sie: Mein allertapferster Ritter, ich kenne dich nicht. Und dieser zeigt ihr alsdann das aus ihrem Schleier herausgeschnittene Stück, das just in denselben wieder hineinpaßt, und beide umarmen sich zärtlich, und die Trompeter blasen, und die Hochzeit wird gefeiert.

Es ist wirklich ein eigenes Mißgeschick, daß meine Liebesträume selten ein so schönes Ende nehmen.

Der Name Goslar klingt so erfreulich, und·es knüpfen sich daran so viele uralte Kaisererinnerungen, daß ich eine imposante, stattliche Stadt erwartete. Aber so geht es, wenn man die Berühmten in der Nähe besieht! Ich fand ein Nest mit meistens schmalen, labyrinthisch krummen Straßen, allwo mittendurch ein kleines Wasser, wahrscheinlich die Gose, fließt, verfallen und dumpfig, und ein Pflaster, so holprig wie Berliner Hexameter. Nur die Altertümlichkeiten der Einfassung, nämlich Reste von Mauern, Türmen und Zinnen, geben der Stadt etwas Pikantes. Einer dieser Türme, der Zwinger genannt, hat so dicke Mauern, daß ganze Gemächer darin ausgehauen sind. Der Platz vor der Stadt, wo der weitberühmte Schützenhof gehalten wird, ist eine schöne große Wiese, ringsum hohe Berge. Der Markt ist klein, in der Mitte steht ein Springbrunnen, dessen Wasser sich in ein großes Metallbecken ergießt. Bei Feuersbrünsten wird einigemal daran geschlagen; es gibt dann einen weitschallenden Ton. Man weiß nichts vom Ursprunge dieses Beckens. Einige sagen, der Teufel habe es einst zur Nachtzeit dort auf den Markt hingestellt. Damals waren die Leute noch dumm, und der Teufel war auch dumm, und sie machten sich wechselseitig Geschenke.

Das Rathaus zu Goslar ist eine weißangestrichene Wachtstube. Das danebenstehende Gildenhaus hat schon ein besseres Ansehen. Ungefähr von der Erde und vom Dach gleich weit entfernt stehen da die Standbilder deutscher Kaiser, räucherig schwarz und zum Teil vergoldet, in der einen Hand das Zepter, in der andern die Weltkugel; sehen aus wie gebratene Universitätspedelle. Einer dieser Kaiser hält ein Schwert statt des Zepters. Ich konnte nicht erraten, was dieser Unterschied sagen soll; und es hat doch gewiß seine Bedeutung, da die Deutschen die merkwürdige Gewohnheit haben, daß sie bei allem, was sie tun, sich auch etwas denken.

In Gottschalks „Handbuch" hatte ich von dem uralten Dom und von dem berühmten Kaiserstuhl zu Goslar viel gelesen. Als ich aber beides besehen wollte, sagte man mir: der Dom sei niedergerissen und der Kaiserstuhl nach Berlin gebracht worden. Wir leben in einer bedeutungsschweren Zeit: tausendjährige Dome werden abgebrochen und Kaiserstühle in die Rumpelkammer geworfen.

Einige Merkwürdigkeiten des seligen Doms sind jetzt in der Stephanskirche aufgestellt. Glasmalereien, die wunderschön sind, einige schlechte Gemälde, worunter auch ein Lukas Cranach sein soll, ferner ein hölzerner Christus am Kreuz und ein heidnischer Opferaltar aus unbekanntem Metall; er hat die Gestalt einer länglich viereckigen Lade und wird von Karyatiden getragen, die, in geduckter Stellung, die Hände stützend über dem Kopfe halten und unerfreulich häßliche Gesichter schneiden. Indessen noch unerfreulicher ist das dabeistehende, schon erwähnte große hölzerne Kruzifix. Dieser Christuskopf mit natürlichen Haaren und Dornen und blutbeschmiertem Gesichte zeigt freilich höchst meisterhaft das Hinsterben eines Menschen, aber nicht eines gottgebornen Heilands. Nur das materielle Leiden ist in dieses Gesicht hineingeschnitzelt, nicht die Poesie des Schmerzes.

42

Solch Bild gehört eher in einen anatomischen Lehrsaal als in ein Gotteshaus.

Ich logierte in einem Gasthofe nahe dem Markte, wo mir das Mittagessen noch besser geschmeckt haben würde, hätte sich nur nicht der Herr Wirt mit seinem langen, überflüssigen Gesichte und seinen langweiligen Fragen zu mir hingesetzt; glücklicherweise ward ich bald erlöst durch die Ankunft eines andern Reisenden, der dieselben Fragen in derselben Ordnung aushalten mußte: quis? quid? ubi? quibus auxiliis? cur? quomodo? quando? Dieser Fremde war ein alter, müder, abgetragener Mann, der, wie aus seinen Reden hervorging, die ganze Welt durchwandert, besonders lang auf Batavia gelebt, viel Geld erworben und wieder alles verloren hatte, und jetzt, nach dreißigjähriger Abwesenheit, nach Quedlinburg, seiner Vaterstadt zurückkehrt, – „denn", setzte er hinzu, „unsere Familie hat dort ihr Erbbegräbnis". Der Herr Wirt machte die sehr aufgeklärte Bemerkung: daß es doch für die Seele gleichgültig sei, wo unser Leib begraben wird. „Haben Sie es schriftlich?" antwortete der Fremde, und dabei zogen sich unheimlich schlaue Ringe um seine kümmerlichen Lippen und verblichenen Äugelein. „Aber", setzte er ängstlich begütigend hinzu, „ich will darum über fremde Gräber doch nichts Böses gesagt haben; – die Türken begraben ihre Toten noch weit schöner als wir, ihre Kirchhöfe sind ordentlich Gärten, und da sitzen sie auf ihren weißen, beturbanten Grabsteinen, unter dem Schatten einer Zypresse, und streichen ihre ernsthaften Bärte und rauchen ruhig ihren türkischen Tabak aus ihren langen türkischen Pfeifen; – und bei den Chinesen gar ist es eine ordentliche Lust zuzusehen, wie sie auf den Ruhestätten ihrer Toten manierlich herumtänzeln, und beten, und Tee trinken, und die Geige spielen, und die geliebten Gräber gar hübsch zu verzieren wissen mit allerlei vergoldetem Lattenwerk, Porzellanfigürchen, Fetzen von buntem Seidenzeug, künstlichen Blumen und farbigen Laternchen – alles sehr hübsch – wie weit hab' ich noch bis Quedlinburg?"

Der Kirchhof in Goslar hat mich nicht sehr angesprochen. Desto mehr aber jenes wunderschöne Lockenköpfchen, das bei meiner Ankunft in der Stadt aus einem etwas hohen Parterrefenster lächelnd herausschaute. Nach Tisch suchte ich wieder das liebe Fenster; aber jetzt stand dort nur ein Wasserglas mit weißen Glockenblümchen. Ich kletterte hinauf, nahm die artigen Blümchen aus dem Glase, steckte sie ruhig auf meine Mütze und kümmerte mich wenig um die aufgesperrten Mäuler, versteinerten Nasen und Glotzaugen, womit die Leute auf der Straße, besonders die Weiber, diesem qualifizierten Diebstahle zusahen. Als ich eine Stunde später an demselben Hause vorbeiging, stand die Holde am Fenster, und wie sie die Glocken- blümchen auf meiner Mütze gewahrte, wurde sie blutrot und stürzte zurück. Ich hatte jetzt das schöne Antlitz noch genauer gesehen; es war eine süße, durchsichtige Verkörperung von Sommerabendhauch, Mondschein, Nachtigallenlaut und Rosenduft. — Später, als es ganz dunkel geworden, trat sie vor die Türe. Ich kam — ich näherte mich — sie zieht sich langsam zurück in den dunkeln Hausflur — ich fasse sie bei der Hand und sage: Ich bin ein Liebhaber von schönen Blumen und Küssen, und was man mir nicht freiwillig gibt, das stehle ich — und ich küßte sie rasch — und wie sie entfliehen will, flüstere ich beschwichtigend: Morgen reis' ich fort und komme wohl nie wieder — und ich fühle den geheimen Widerdruck der lieblichen Lippen und der kleinen Hände — und lachend eile ich von hinnen. Ja, ich muß lachen, wenn ich bedenke, daß ich unbewußt jene Zauberformel ausge- sprochen, wodurch unsere Rot- und Blauröcke, öfter als durch ihre schnurrbärtige Liebenswürdigkeit, die Herzen der Frauen bezwingen: „Ich reise morgen fort und komme wohl nie wieder!"

Mein Logis gewährte eine herrliche Aussicht nach dem Rammels- berg. Es war ein schöner Abend. Die Nacht jagte auf ihrem schwarzen Rosse, und die langen Mähnen flatterten im Winde. Ich stand am Fenster und betrachtete den Mond. Gibt es wirklich einen Mann im Monde? Die Slawen sagen, er heiße Clotar, und das Wachsen des Mondes bewirke er durch Wasseraufgießen. Als ich noch klein war, hatte ich gehört: der Mond sei eine Frucht, die, wenn sie reif ge- worden, vom lieben Gott abgepflückt und zu den übrigen Vollmonden in den großen Schrank gelegt werde, der am Ende der Welt steht, wo sie mit Brettern zugenagelt ist. Als ich größer wurde, bemerkte ich, daß die Welt nicht so eng begrenzt ist, und daß der menschliche Geist die hölzernen Schranken durchbrochen und mit einem riesigen Petrischlüssel, mit der Idee der Unsterblichkeit, alle sieben Himmel aufgeschlossen hat. Unsterblichkeit! Schöner Gedanke! Wer hat dich zuerst erdacht? War es ein Nürnberger Spießbürger, der, mit weißer Nachtmütze auf dem Kopfe und mit weißer Tonpfeife im Maule, am lauen Sommerabend vor seiner Haustüre saß und recht behaglich meinte: es wäre doch hübsch, wenn er nun so immerfort, ohne daß sein Pfeifchen und sein Lebensatemchen ausgingen, in die liebe Ewigkeit hineinvegetieren könnte! Oder war es ein junger Liebender, der in den Armen seiner Geliebten jenen Unsterblichkeitsgedanken dachte, und ihn dachte, weil er ihn fühlte, und weil er nicht anders fühlen und denken konnte? – Liebe! Unsterblichkeit! – in meiner Brust ward es plötzlich so heiß, daß ich glaubte, die Geographen hätten den Äquator verlegt, und er laufe jetzt gerade durch mein Herz. Und aus meinem Herzen ergossen sich die Gefühle der Liebe, ergossen sich sehnsüchtig in die weite Nacht. Die Blumen im Garten unter meinem Fenster dufteten stärker. Düfte sind die Gefühle der Blumen, und wie das Menschenherz in der Nacht, wo es sich einsam und unbelauscht glaubt, stärker fühlt, so scheinen auch die Blumen, sinnig verschämt, erst die umhüllende Dunkelheit zu erwarten, um sich gänzlich ihren Gefühlen hinzugeben und sie auszuhauchen in süßen Düften. – Ergießt euch, ihr Düfte meines Herzens! und sucht hinter jenen Bergen die Geliebte meiner Träume! Sie liegt jetzt schon und schläft; zu ihren Füßen knien Engel, und wenn sie im Schlafe lächelt, so ist es ein Gebet, das die Engel nachbeten; in ihrer Brust liegt der Himmel mit allen seinen Seligkeiten, und wenn sie atmet, so bebt mein Herz in der Ferne; hinter den seidnen Wimpern ihrer Augen ist die Sonne untergegangen, und wenn sie die Augen wieder aufschlägt, so ist es Tag, und die Vögel singen, und die Herdenglöckchen läuten, und die Berge schimmern in ihren smaragdenen Kleidern, und ich schnüre den Ranzen und wandre.

In jener Nacht, die ich in Goslar zubrachte, ist mir etwas höchst Seltsames begegnet. Noch immer kann ich nicht ohne Angst daran zurückdenken. Ich bin von Natur nicht ängstlich, aber vor Geistern fürchte ich mich fast so sehr wie der Österreichische Beobachter. Was ist Furcht? Kommt sie aus dem Verstande oder aus dem Gemüt? Über diese Frage disputierte ich so oft mit dem Doktor Saul Ascher, wenn wir in Berlin im Café royal, wo ich lange Zeit meinen Mittagstisch hatte, zufällig zusammentrafen. Er behauptete immer: wir fürchten etwas, weil wir es durch Vernunftschlüsse für furchtbar erkennen. Nur die Vernunft sei eine Kraft, nicht das Gemüt. Während ich gut aß und gut trank, demonstrierte er mir fortwährend die Vorzüge der Vernunft. Gegen das Ende seiner Demonstration pflegte er nach seiner Uhr zu sehen und immer schloß er damit: „Die Vernunft ist das höchste Prinzip!" – Vernunft! Wenn ich jetzt dieses Wort höre, so sehe ich noch immer den Doktor Saul Ascher mit seinen abstrakten Beinen, mit seinem engen, transzendentalgrauen Leibrock, und mit seinem schroffen, frierend kalten Gesichte, das einem Lehrbuche der Geometrie als Kupfertafel dienen konnte. Dieser Mann, tief in den Fünfzigern, war eine personifizierte grade Linie. In seinem Streben nach dem Positiven hatte der arme Mann sich alles Herrliche aus dem Leben herausphilosophiert, alle Sonnenstrahlen, allen Glauben und alle Blumen, und es blieb ihm nichts übrig als das kalte, positive Grab. Auf den Apoll von Belvedere und auf das Christentum hatte er eine spezielle Malice. Gegen letzteres schrieb er sogar eine Broschüre, worin er dessen Unvernünftigkeit und Unhaltbarkeit bewies. Er hat überhaupt eine ganze Menge Bücher geschrieben, worin immer die Vernunft von ihrer eigenen Vortrefflichkeit renommiert, und wobei es der arme Doktor gewiß ernsthaft genug meinte und also in dieser Hinsicht alle Achtung verdiente. Darin aber bestand ja eben der Hauptspaß, daß er ein so ernsthaft närrisches Gesicht schnitt, wenn er dasjenige nicht begreifen konnte, was jedes Kind begreift, eben weil es ein Kind ist. Einigemal besuchte ich auch den Vernunftdoktor in seinem eigenen Hause, wo ich schöne Mädchen bei ihm fand; denn die Vernunft verbietet nicht die Sinnlichkeit. Als ich ihn einst ebenfalls besuchen wollte, sagte mir sein Bedienter: der Herr Doktor ist eben gestorben. Ich fühlte nicht viel mehr dabei, als wenn er gesagt hätte: der Herr Doktor ist ausgezogen.

Doch zurück nach Goslar. „Das höchste Prinzip ist die Vernunft!" sagte ich beschwichtigend zu mir selbst, als ich ins Bett stieg. Indessen, es half nicht. Ich hatte eben in Varnhagen von Enses „Deutsche Erzählungen", die ich von Clausthal mitgenommen hatte, jene entsetzliche Geschichte gelesen, wie der Sohn, den sein eigener Vater ermorden wollte, in der Nacht von dem Geiste seiner toten Mutter gewarnt wird. Die wunderbare Darstellung dieser Geschichte bewirkte, daß mich während des Lesens ein inneres Grauen durchfröstelte. Auch erregen Gespenstererzählungen ein noch schauerlicheres Gefühl, wenn man sie auf der Reise liest, und zumal des Nachts, in einer Stadt, in einem Hause, in einem Zimmer, wo man noch nie gewesen. Wieviel Gräßliches mag sich schon zugetragen haben auf diesem Flecke, wo du eben liegst? so denkt man unwillkürlich. Überdies schien der Mond so zweideutig ins Zimmer herein, an der Wand bewegten sich allerlei unberufene Schatten, und als ich mich im Bett aufrichtete, um hinzusehen, erblickte ich –

Es gibt nichts Unheimlicheres, als wenn man bei Mondschein das eigene Gesicht zufällig im Spiegel sieht. In demselben Augenblicke schlug eine schwerfällige, gähnende Glocke und zwar so lang und langsam, daß ich nach dem zwölften Glockenschlage sicher glaubte, es seien unterdessen volle zwölf Stunden verflossen, und es müßte wieder von vorn anfangen, zwölf zu schlagen. Zwischen dem vorletzten und letzten Glockenschlage schlug noch eine andere Uhr, sehr rasch, fast keifend grell, und vielleicht ärgerlich über die Langsamkeit ihrer Frau Gevatterin. Als beide eiserne Zungen schwiegen und tiefe Totenstille im ganzen Hause herrschte, war es mir plötzlich, als hörte ich auf dem Korridor vor meinem Zimmer etwas schlottern und schlappen, wie der unsichere Gang eines alten Mannes. Endlich öffnete sich meine Tür, und langsam trat herein der verstorbene Doktor Saul Ascher. Ein kaltes Fieber rieselte mir durch Mark und Bein, ich zitterte wie Espenlaub, und kaum wagte ich das Gespenst anzusehen. Er sah aus wie sonst, derselbe transzendentalgraue Leibrock, dieselben abstrakten Beine und dasselbe mathematische Gesicht; nur war dieses etwas gelblicher als sonst; auch der Mund, der sonst zwei Winkel von 22½ Grad bildete, war zusammengekniffen, und die Augenkreise hatten einen größeren Radius. Schwankend und wie sonst sich auf sein spanisches Röhrchen stützend, näherte er sich mir, und in seinem gewöhnlichen mundfaulen Dialekte sprach er freundlich: „Fürchten Sie sich nicht und glauben Sie nicht, daß ich ein Gespenst sei. Es ist Täuschung Ihrer Phantasie, wenn Sie mich als Gespenst zu sehen glauben. Was ist ein Gespenst? Geben Sie mir eine Definition? Deduzieren Sie mir die Bedingungen der Möglichkeit eines Gespenstes? In welchem vernünftigen Zusammenhang stände eine solche Erscheinung mit der Vernunft? Die Vernunft, ich sage die Vernunft." – Und nun schritt das Gespenst zu einer Analyse der Vernunft, zitierte Kants „Kritik der reinen Vernunft", 2. Teil, 1. Abschnitt, 2. Buch, 3. Hauptstück, die Unterscheidung von Phänomena und Noumena, konstruierte alsdann den problematischen Gespensterglauben, setzte einen Syllogismus auf den andern und schloß mit dem logischen Beweise: daß es durchaus keine Gespenster gibt. Mir unterdessen lief der kalte Schweiß über den Rücken, meine Zähne klapperten wie Kastagnetten, aus Seelenangst nickte ich unbedingte Zustimmung bei jedem Satz, womit der spukende Doktor die Absurdität aller Gespensterfurcht bewies, und derselbe demonstrierte so eifrig, daß er einmal in der Zerstreuung statt seiner goldnen Uhr eine Handvoll Würmer aus der Uhrtasche zog und, seinen Irrtum bemerkend, mit possierlich ängstlicher Hastigkeit wieder einsteckte. „Die Vernunft ist das höchste –" da schlug die Glocke eins, und das Gespenst verschwand.

Von Goslar ging ich den andern Morgen weiter, halb auf Geratewohl, halb in der Absicht, den Bruder des Clausthaler Bergmanns aufzusuchen. Wieder schönes, liebes Sonntagswetter. Ich bestieg Hügel und Berge, betrachtete, wie die Sonne den Nebel zu verscheuchen suchte, wanderte freudig durch die schauernden Wälder, und um mein träumendes Haupt klingelten die Glockenblümchen von Goslar. In ihren weißen Nachtmänteln standen die Berge, die Tannen rüttelten sich den Schlaf aus den Gliedern, der frische Morgenwind frisierte ihnen die herabhängenden, grünen Haare, die Vöglein hielten Bettstunde, das Wiesental blitzte wie eine diamantenbesäte Golddecke, und der Hirt schritt darüber hin mit seiner läutenden Herde. Ich mochte mich wohl eigentlich verirrt haben. Man schlägt immer Seitenwege und Fußsteige ein und glaubt dadurch näher zum Ziele zu gelangen. Wie im Leben überhaupt, geht's uns auch auf dem Harze. Aber es gibt immer gute Seelen, die uns wieder auf den rechten Weg bringen; sie tun es gern und finden noch obendrein ein besonderes Vergnügen daran, wenn sie uns mit selbstgefälliger Miene und wohlwollend lauter Stimme bedeuten: welche große Umwege wir gemacht, in welche Abgründe und Sümpfe wir versinken konnten, und welch ein Glück es sei, daß wir so wegkundige Leute, wie sie sind, noch zeitig angetroffen. Einen solchen Berichtiger fand ich unweit der Harzburg. Es war ein wohlgenährter Bürger von Goslar, ein glänzend wampiges, dummkluges Gesicht; er sah aus, als habe er die Viehseuche erfunden. Wir gingen eine Strecke zusammen, und er erzählte mir allerlei Spukgeschichten, die hübsch klingen konnten, wenn sie nicht alle darauf hinausliefen, daß es doch kein wirklicher Spuk gewesen, sondern daß die weiße Gestalt ein Wilddieb war, und daß die wimmernden Stimmen von den eben geworfenen Jungen einer Bache [wilden Sau], und das Geräusch auf dem Boden von der Hauskatze herrührte. Nur wenn der Mensch krank ist, setzte er hinzu, glaubt er Gespenster zu sehen; was aber seine Wenigkeit anbelange,

gez. v. L. Richter

gest. v. J. Carter

Der Ilsenstein

gez. v. L. Richter

gest. v. Sands

Die Harzburg

so sei er selten krank, nur zuweilen leide er an Hautübeln, und dann kuriere er sich jedesmal mit nüchternem Speichel. Er machte mich auch aufmerksam auf die Zweckmäßigkeit und Nützlichkeit in der Natur. Die Bäume sind grün, weil grün gut für die Augen ist. Ich gab ihm recht und fügte hinzu, daß Gott das Rindvieh erschaffen, weil Fleischsuppen den Menschen stärken, daß er die Esel erschaffen, damit sie den Menschen zu Vergleichungen dienen können, und daß er den Menschen selbst erschaffen, damit er Fleischsuppen essen und kein Esel sein soll. Mein Begleiter war entzückt, einen Gleichgestimmten gefunden zu haben, sein Antlitz erglänzte noch freudiger, und bei dem Abschiede war er gerührt.

Solange er neben mir ging, war gleichsam die ganze Natur entzaubert, sobald er aber fort war, fingen die Bäume wieder an zu sprechen, und die Sonnenstrahlen erklangen, und die Wiesenblümchen tanzten, und der blaue Himmel umarmte die grüne Erde. Ja, ich weiß es besser: Gott hat den Menschen erschaffen, damit er die Herrlichkeit der Welt bewundere. Jeder Autor, und sei er noch so groß, wünscht, daß sein Werk gelobt werde. Und in der Bibel, den Memoiren Gottes, steht ausdrücklich: daß er die Menschen erschaffen zu seinem Ruhm und Preis.

Nach einem langen Hinundherwandern gelangte ich zu der Wohnung des Bruders meines Clausthaler Freundes, übernachtete alldort und erlebte folgendes schöne Gedicht:

I

Auf dem Berge steht die Hütte,
Wo der alte Bergmann wohnt;
Dorten rauscht die grüne Tanne
Und erglänzt der goldne Mond.

In der Hütte steht ein Lehnstuhl,
Reich geschnitzt und wunderlich,
Der darauf sitzt, der ist glücklich,
Und der Glückliche bin ich!

Auf dem Schemel sitzt die Kleine,
Stützt den Arm auf meinen Schoß;
Äuglein wie zwei blaue Sterne,
Mündlein wie die Purpurros'.

Und die lieben, blauen Sterne
Schaun mich an so himmelgroß,
Und sie legt den Lilienfinger
Schalkhaft auf die Purpurros'.

Nein, es sieht uns nicht die Mutter,
Denn sie spinnt mit großem Fleiß,
Und der Vater spielt die Zither,
Und er singt die alte Weis'.

Und die Kleine flüstert leise,
Leise, mit gedämpftem Laut;
Manches wichtige Geheimnis
Hat sie mir schon anvertraut.

„Aber seit die Muhme tot ist,
Können wir ja nicht mehr gehn
Nach dem Schützenhof zu Goslar,
Und dort ist es gar zu schön.

Hier dagegen ist es einsam
Auf der kalten Bergeshöh',
Und des Winters sind wir gänzlich
Wie vergraben in dem Schnee.

Und ich bin ein banges Mädchen,
Und ich fürcht' mich wie ein Kind
Vor den bösen Bergesgeistern,
Die des Nachts geschäftig sind."

Plötzlich schweigt die liebe Kleine,
Wie vom eignen Wort erschreckt,
Und sie hat mit beiden Händchen
Ihre Äugelein bedeckt.

Lauter rauscht die Tanne draußen,
Und das Spinnrad schnarrt und brummt,
Und die Zither klingt dazwischen,
Und die alte Weise summt:

„Fürcht' dich nicht, du liebes Kindchen,
Vor der bösen Geister Macht;
Tag und Nacht, du liebes Kindchen,
Halten Englein bei dir Wacht!"

II

Tannenbaum mit grünen Fingern
Pocht ans niedre Fensterlein,
Und der Mond, der gelbe Lauscher,
Wirft sein süßes Licht herein.

Vater, Mutter schnarchen leise
In dem nahen Schlafgemach,
Doch wir beide, selig schwatzend,
Halten uns einander wach.

„Daß du gar zu oft gebetet,
Das zu glauben wird mir schwer,
Jenes Zucken deiner Lippen
Kommt wohl nicht vom Beten her.

Jenes böse, kalte Zucken,
Das erschreckt mich jedesmal,
Doch die dunkle Angst beschwichtigt
Deiner Augen frommer Strahl.

Auch bezweifl' ich, daß du glaubest,
Was so rechter Glauben heißt,
Glaubst wohl nicht an Gott den Vater,
An den Sohn und Heil'gen Geist?"

Ach, mein Kindchen, schon als Knabe,
Als ich saß auf Mutters Schoß,
Glaubte ich an Gott den Vater,
Der da waltet gut und groß;

Der die schöne Erd' erschaffen,
Und die schönen Menschen drauf,
Der den Sonnen, Monden, Sternen
Vorgezeichnet ihren Lauf.

Als ich größer wurde, Kindchen,
Noch viel mehr begriff ich schon
Und begriff und ward vernünftig,
Und ich glaub' auch an den Sohn;

An den lieben Sohn, der liebend
Uns die Liebe offenbart
Und zum Lohne, wie gebräuchlich,
Von dem Volk gekreuzigt ward.

Jetzo, da ich ausgewachsen,
Viel gelesen, viel gereist,
Schwillt mein Herz, und ganz von Herzen
Glaub' ich an den Heil'gen Geist.

Dieser tat die größten Wunder,
Und viel größre tut er noch;
Er zerbrach die Zwingherrnburgen
Und zerbrach des Knechtes Joch.

Alte Todeswunden heilt er
Und erneut das alte Recht:
Alle Menschen, gleichgeboren,
Sind ein adliges Geschlecht.

Er verscheucht die bösen Nebel
Und das dunkle Hirngespinst,
Das uns Lieb' und Lust verleidet,
Tag und Nacht uns angegrinst.

Tausend Ritter, wohlgewappnet,
Hat der Heil'ge Geist erwählt,
Seinen Willen zu erfüllen,
Und er hat sie mutbeseelt.

Ihre teuern Schwerter blitzen,
Ihre guten Banner wehn!
Ei, du möchtest wohl, mein Kindchen,
Solche stolze Ritter sehn?

Nun, so schau mich an, mein Kindchen,
Küsse mich und schaue dreist;
Denn ich selber bin ein solcher
Ritter von dem Heil'gen Geist.

III

Still versteckt der Mond sich draußen
Hinterm grünen Tannenbaum,
Und im Zimmer unsre Lampe
Flackert matt und leuchtet kaum.

Aber meine blauen Sterne
Strahlen auf in hellerm Licht,
Und es glüht die Purpurrose,
Und das liebe Mädchen spricht:

„Kleines Völkchen, Wichtelmännchen
Stehlen unser Brot und Speck,
Abends ist es noch im Kasten,
Und des Morgens ist es weg.

Kleines Völkchen, unsre Sahne
Nascht es von der Milch und läßt
Unbedeckt die Schüssel stehen,
Und die Katze säuft den Rest.

Und die Katz' ist eine Hexe,
Denn sie schleicht bei Nacht und Sturm
Drüben nach dem Geisterberge,
Nach dem altverfallnen Turm.

Dort hat einst ein Schloß gestanden,
Voller Lust und Waffenglanz;
Blanke Ritter, Fraun und Knappen
Schwangen sich im Fackeltanz.

Da verwünschte Schloß und Leute
Eine böse Zauberin,
Nur die Trümmer blieben stehen,
Und die Eulen nisten drin.

Doch die sel'ge Muhme sagte:
‚Wenn man spricht das rechte Wort
Nächtlich zu der rechten Stunde,
Drüben an dem rechten Ort,

So verwandeln sich die Trümmer
Wieder in ein helles Schloß,
Und es tanzen wieder lustig
Ritter, Frau'n und Knappentroß;

Und wer jenes Wort gesprochen,
Dem gehören Schloß und Leut',
Pauken und Trompeten huld'gen
Seiner jungen Herrlichkeit.'"

Also blühen Märchenbilder
Aus des Mundes Röselein,
Und die Augen gießen drüber
Ihren blauen Sternenschein.

Ihre goldnen Haare wickelt
Mir die Kleine um die Händ',
Gibt den Fingern hübsche Namen,
Lacht und küßt und schweigt am End'.

Und im stillen Zimmer alles
Blickt mich an so wohlvertraut;
Tisch und Schrank, mir ist, als hätt' ich
Sie schon früher mal geschaut.

Freundlich ernsthaft schwatzt die Wanduhr,
Und die Zither, hörbar kaum,
Fängt von selber an zu klingen,
Und ich sitze wie im Traum.

Jetzo ist die rechte Stunde,
Und es ist der rechte Ort;
Staunen würdest du, mein Kindchen,
Spräch' ich aus das rechte Wort.

Sprech' ich jenes Wort, so dämmert
Und erbebt die Mitternacht,
Bach und Tannen brausen lauter,
Und der alte Berg erwacht.

Zitherklang und Zwergenlieder
Tönen aus des Berges Spalt,
Und es sprießt wie 'n toller Frühling
Draus hervor ein Blumenwald.

Blumen, kühne Wunderblumen,
Blätter, breit und fabelhaft,
Duftig bunt und hastig regsam,
Wie gedrängt von Leidenschaft.

Rosen, wild wie rote Flammen,
Sprühn aus dem Gewühl hervor;
Lilien, wie kristallne Pfeiler,
Schießen himmelhoch empor.

Und die Sterne, groß wie Sonnen,
Schaun herab mit Sehnsuchtglut;
In der Lilien Riesenkelche
Strömet ihre Strahlenflut.

Doch wir selber, süßes Kindchen,
Sind verwandelt noch viel mehr;
Fackelglanz und Gold und Seide
Schimmern lustig um uns her.

Du, du wurdest zur Prinzessin,
Diese Hütte ward zum Schloß,
Und da jubeln und da tanzen
Ritter, Frau'n und Knappentroß.

Aber ich, ich hab' erworben
Dich und alles, Schloß und Leut';
Pauken und Trompeten huld'gen
Meiner jungen Herrlichkeit!

Die Sonne ging auf. Die Nebel flohen, wie Gespenster beim dritten
Hahnenschrei. Ich stieg wieder bergauf und bergab, und vor mir
schwebte die schöne Sonne, immer neue Schönheiten beleuchtend.
Der Geist des Gebirges begünstigte mich ganz offenbar; er wußte
wohl, daß so ein Dichtermensch viel Hübsches wiedererzählen kann,
und er ließ mich diesen Morgen seinen Harz sehen, wie ihn gewiß
nicht jeder sah. Aber auch mich sah der Harz, wie mich nur wenige
gesehen, in meinen Augenwimpern flimmerten ebenso kostbare
Perlen, wie in den Gräsern des Tals. Morgentau der Liebe feuchtete
meine Wangen, die rauschenden Tannen verstanden mich, ihre Zweige
taten sich voneinander, bewegten sich herauf und herab, gleich
stummen Menschen, die mit den Händen ihre Freude bezeigen, und
in der Ferne klang's wunderbar geheimnisvoll, wie Glockengeläute
einer verlornen Waldkirche. Man sagt, das seien die Herdenglöckchen, die im Harz so lieblich, klar und rein gestimmt sind.
Nach dem Stande der Sonne war es Mittag, als ich auf eine solche
Herde stieß, und der Hirt, ein freundlich blonder junger Mensch,
sagte mir: der große Berg, an dessen Fuß ich stände, sei der alte,
weltberühmte Brocken. Viele Stunden ringsum liegt kein Haus, und
ich war froh genug, daß mich der junge Mensch einlud, mit ihm zu
essen. Wir setzten uns nieder zu einem Déjeuner dînatoire, das aus
Käse und Brot bestand; die Schäfchen erhaschten die Krumen, die
lieben, blanken Kühlein sprangen um uns herum, und klingelten

schelmisch mit ihren Glöckchen, und lachten uns an mit ihren großen, vergnügten Augen. Wir tafelten recht königlich; überhaupt schien mir mein Wirt ein echter König, und weil er bis jetzt der einzige König ist, der mir Brot gegeben hat, so will ich ihn auch königlich besingen.

> König ist der Hirtenknabe,
> Grüner Hügel ist sein Thron,
> Über seinem Haupt die Sonne
> Ist die schwere, goldne Kron'.

> Ihm zu Füßen liegen Schafe,
> Weiche Schmeichler, rotbekreuzt;
> Kavaliere sind die Kälber,
> Und sie wandeln stolz gespreizt.

> Hofschauspieler sind die Böcklein,
> Und die Vögel und die Küh',
> Mit den Flöten, mit den Glöcklein,
> Sind die Kammermusici.

> Und das klingt und singt so lieblich,
> Und so lieblich rauschen drein
> Wasserfall und Tannenbäume,
> Und der König schlummert ein.

> Unterdessen muß regieren
> Der Minister, jener Hund,
> Dessen knurriges Gebelle
> Widerhallet in der Rund'.

> Schläfrig lallt der junge König:
> „Das Regieren ist so schwer,
> Ach, ich wollt', daß ich zu Hause
> Schon bei meiner Kön'gin wär'!

> In den Armen meiner Kön'gin
> Ruht mein Königshaupt so weich,
> Und in ihren lieben Augen
> Liegt mein unermeßlich Reich!"

Wir nahmen freundschaftlich Abschied, und fröhlich stieg ich den Berg hinauf. Bald empfing mich eine Waldung himmelhoher Tannen, für die ich in jeder Hinsicht Respekt habe. Diesen Bäumen ist nämlich das Wachsen nicht so ganz leicht gemacht worden, und sie haben es sich in der Jugend sauer werden lassen. Der Berg ist hier mit vielen großen Granitblöcken übersät, und die meisten Bäume mußten mit ihren Wurzeln diese Steine umranken oder sprengen, und mühsam den Boden suchen, woraus sie Nahrung schöpfen können. Hier und da liegen die Steine, gleichsam ein Tor bildend, übereinander, und oben darauf stehen die Bäume, die nackten Wurzeln über jene Steinpforte hinziehend und erst am Fuße derselben den Boden erfassend, so daß sie in der freien Luft zu wachsen scheinen. Und doch haben sie sich zu jener gewaltigen Höhe emporgeschwungen, und mit den umklammerten Steinen wie zusammengewachsen, stehen sie fester als ihre bequemen Kollegen im zahmen Forstboden des flachen Landes. So stehen auch im Leben jene großen Männer, die durch das Überwinden früher Hemmungen und Hindernisse sich erst recht gestärkt und befestigt haben. Auf den Zweigen der Tannen kletterten Eichhörnchen, und unter denselben spazierten die gelben Hirsche. Wenn ich solch ein liebes, edles Tier sehe, so kann ich nicht begreifen, wie gebildete Leute Vergnügen daran finden, es zu hetzen und zu töten. Solch ein Tier war barmherziger als die Menschen und säugte den schmachtenden Schmerzenreich der heiligen Genoveva.

Allerliebst schossen die goldenen Sonnenlichter durch das dichte Tannengrün. Eine natürliche Treppe bildeten die Baumwurzeln. Überall schwellende Moosbänke; denn die Steine sind fußhoch von den schönsten Moosarten, wie mit hellgrünen Sammetpolstern, bewachsen. Liebliche Kühle und träumerisches Quellengemurmel. Hier und da sieht man, wie das Wasser unter den Steinen silberhell hinrieselt und die nackten Baumwurzeln und Fasern bespült. Wenn man sich nach diesem Treiben hinabbeugt, so belauscht man gleichsam die geheime Bildungsgeschichte der Pflanzen und das ruhige Herzklopfen des Berges. An manchen Orten sprudelt das Wasser aus den Steinen und Wurzeln stärker hervor und bildet kleine Kaskaden. Da läßt sich gut sitzen. Es murmelt und rauscht so wunderbar, die Vögel singen abgebrochene Sehnsuchtslaute, die Bäume flüstern wie mit tausend Mädchenzungen, wie mit tausend Mädchenaugen schauen uns an die seltsamen Bergblumen, sie strecken nach uns aus die wundersam breiten, drollig gezackten Blätter, spielend flimmern hin und her die lustigen Sonnenstrahlen, die sinnigen Kräutlein erzählen sich grüne Märchen, es ist alles wie verzaubert, es wird immer heimlicher und heimlicher, ein uralter Traum wird lebendig, die Geliebte erscheint – ach, daß sie so schnell wieder verschwindet!

Je höher man den Berg hinaufsteigt, desto kürzer, zwerghafter werden die Tannen, sie scheinen immer mehr und mehr zusammenzuschrumpfen, bis nur Heidelbeer- und Rotbeersträuche und Bergkräuter übrigbleiben. Da wird es auch schon fühlbar kälter. Die wunderlichen Gruppen der Granitblöcke werden hier erst recht sichtbar; diese sind oft von erstaunlicher Größe. Das mögen wohl die Spielbälle sein, die sich die bösen Geister einander zuwerfen in der Walpurgisnacht, wenn hier die Hexen auf Besenstielen und Mistgabeln einhergeritten kommen und die abenteuerlich verruchte Lust beginnt, wie die glaubhafte Amme es erzählt, und wie es zu schauen ist auf den hübschen Faustbildern des Meister Retzsch. Ja, ein junger Dichter, der auf einer Reise von Berlin nach Göttingen in der ersten Mainacht am Brocken vorbeiritt, bemerkte sogar, wie einige belletristische Damen auf einer Bergecke ihre ästhetische Teegesellschaft hielten, sich gemütlich die „Abendzeitung" vorlasen, ihre poetischen Ziegenböckchen, die meckernd den Teetisch umhüpften, als Universalgenies priesen und über alle Erscheinungen in der deutschen Literatur ihr Endurteil fällten; doch, als sie auch auf den „Ratcliff" und „Almansor" gerieten und dem Verfasser alle Frömmigkeit und Christlichkeit absprachen, da sträubte sich das Haar des jungen Mannes, Entsetzen ergriff ihn – ich gab dem Pferde die Sporen und jagte vorüber.

In der Tat, wenn man die obere Hälfte des Brockens besteigt, kann man sich nicht erwehren, an die ergötzlichen Blocksberggeschichten zu denken, und besonders an die große, mystische, deutsche Nationaltragödie vom Doktor Faust. Mir war immer, als ob der Pferdefuß neben mir hinaufklettere und jemand humoristisch Atem schöpfe. Und ich glaube, auch Mephisto muß mit Mühe Atem holen, wenn er seinen Lieblingsberg ersteigt; es ist ein äußerst erschöpfender Weg, und ich war froh, als ich endlich das langersehnte Brockenhaus zu Gesicht bekam.

Dieses Haus, das, wie durch vielfache Abbildungen bekannt ist, bloß aus einem Parterre besteht und auf der Spitze des Berges liegt, wurde erst 1800 vom Grafen Stolberg-Wernigerode erbaut, für dessen Rechnung es auch als Wirtshaus verwaltet wird. Die Mauern sind erstaunlich dick, wegen des Windes und der Kälte im Winter; das Dach ist niedrig, in der Mitte desselben steht eine turmartige Warte[1], und bei dem Hause liegen noch zwei kleine Nebengebäude, wovon das eine in frühern Zeiten den Brockenbesuchern zum Obdach diente.

Der Eintritt in das Brockenhaus erregte bei mir eine etwas ungewöhnliche, märchenhafte Empfindung. Man ist nach einem langen, einsamen Umhersteigen durch Tannen und Klippen plötzlich in ein Wolkenhaus versetzt; Städte, Berge und Wälder blieben unten liegen, und oben findet man eine wunderlich zusammengesetzte, fremde Gesellschaft, von welcher man, wie es an dergleichen Orten natürlich ist, fast wie ein erwarteter Genosse, halb neugierig und halb gleichgültig, empfangen wird. Ich fand das Haus voller Gäste, und, wie es einem klugen Manne geziemt, dachte ich schon an die Nacht, an die Unbehaglichkeit eines Strohlagers; mit hinsterbender Stimme verlangte ich gleich Tee, und der Herr Brockenwirt war vernünftig genug, einzusehen, daß ich kranker Mensch für die Nacht ein ordentliches Bett haben müsse. Dieses verschaffte er mir in einem engen Zimmerchen, wo schon ein junger Kaufmann, ein langes Brechpulver in einem braunen Oberrock sich etabliert hatte.

In der Wirtsstube fand ich lauter Leben und Bewegung. Studenten von verschiedenen Universitäten. Die einen sind kurz vorher angekommen und restaurieren sich, andere bereiten sich zum Abmarsch, schnüren ihre Ranzen, schreiben ihre Namen ins Gedächtnisbuch, erhalten Brockensträuße von den Hausmädchen; da wird in die Wangen gekniffen, gesungen, gesprungen, gejohlt, man fragt, man antwortet, gut Wetter, Fußweg, Prosit, Adieu. Einige der Abgehenden sind auch etwas angesoffen und diese haben von der schönen Aussicht einen doppelten Genuß, da ein Betrunkener alles doppelt sieht.

Nachdem ich mich ziemlich rekreiert, bestieg ich die Turmwarte und fand daselbst einen kleinen Herrn mit zwei Damen, einer jungen und einer ältlichen. Die junge Dame war sehr schön. Eine herrliche Gestalt, auf dem lockigen Haupte ein helmartiger, schwarzer Atlashut,

---

[1] Dieser in der Mitte des Hauses errichtete Turm wurde 1835 wegen Baufälligkeit abgerissen. Richter, der ein Jahr später auf den Brocken kam, zeichnete bereits den neuen, freistehenden Aussichtsturm.

mit dessen weißen Federn die Winde spielten, die schlanken Glieder von einem schwarzseidenen Mantel so fest umschlossen, daß die edlen Formen hervortraten, und das freie, große Auge, ruhig hinabschauend in die freie, große Welt.

Als ich noch ein Knabe war, dachte ich an nichts als an Zauber- und Wundergeschichten, und jede schöne Dame, die Straußfedern auf dem Kopfe trug, hielt ich für eine Elfenkönigin, und bemerkte ich gar, daß die Schleppe ihres Kleides naß war, so hielt ich sie für eine Wassernixe. Jetzt denke ich anders, seit ich aus der Naturgeschichte weiß, daß jene symbolischen Federn von dem dümmsten Vogel herkommen, und daß die Schleppe eines Damenkleides auf sehr natürliche Weise naß werden kann. Hätte ich mit jenen Knabenaugen die erwähnte junge Schöne in erwähnter Stellung auf dem Brocken gesehen, so würde ich sicher gedacht haben: das ist die Fee des Berges, und sie hat eben den Zauber ausgesprochen, wodurch dort unten alles so wunderbar erscheint. Ja, in hohem Grade wunderbar erscheint uns alles beim ersten Hinabschauen vom Brocken, alle Seiten unseres Geistes empfangen neue Eindrücke, und diese, meistens verschiedenartig, sogar sich widersprechend, verbinden sich in unserer Seele zu einem großen, noch unentworrenen, unverstandenen Gefühl. Gelingt es uns, dieses Gefühl in seinem Begriff zu erfassen, so erkennen wir den Charakter des Berges. Dieser Charakter ist ganz deutsch, sowohl in Hinsicht seiner Fehler, also auch seiner Vorzüge. Der Brocken ist ein Deutscher. Mit deutscher Gründlichkeit zeigt er uns klar und deutlich, wie ein Riesenpanorama, die vielen hundert Städte, Städtchen und Dörfer, die meistens nördlich liegen, und ringsum alle Berge, Wälder, Flüsse, Flächen, unendlich weit. Aber eben dadurch erscheint alles wie eine scharfgezeichnete, rein illuminierte Spezialkarte, nirgends wird das Auge durch eigentlich schöne Landschaften erfreut; wie es denn immer geschieht, daß wir deutschen Kompilatoren wegen der ehrlichen Genauigkeit, womit wir alles und alles hingeben wollen, nie daran denken können, das einzelne auf eine schöne Weise zu geben. Der Berg hat auch so etwas Deutsch-ruhiges, Verständiges, Tolerantes; eben weil er die Dinge so weit und klar überschauen kann. Und wenn solch ein Berg seine Riesenaugen öffnet, mag er wohl noch etwas mehr sehen als wir Zwerge, die wir mit unsern blöden Äuglein auf ihm herumklettern. Viele wollen zwar behaupten, der Brocken sei sehr philiströse, und Claudius sang: „Der Blocksberg ist der lange Herr Philister!" Aber das ist Irrtum. Durch seinen Kahlkopf, den er zuweilen mit einer weißen Nebelkappe bedeckt, gibt er sich zwar einen Anstrich von Philiströsität; aber, wie bei manchen andern großen Deutschen, geschieht es aus purer Ironie. Es ist sogar notorisch, daß der Brocken seine burschikosen, phantastischen Zeiten hat, z. B. die erste Mainacht. Dann wirft er seine Nebelkappe jubelnd in die Lüfte und wird, ebensogut wie wir übrigen, recht echtdeutsch romantisch verrückt.

Ich suchte gleich die schöne Dame in ein Gespräch zu verflechten: denn Naturschönheiten genießt man erst recht, wenn man sich auf der Stelle darüber aussprechen kann. Sie war nicht geistreich, aber aufmerksam sinnig. Wahrhaft vornehme Formen. Ich meine nicht die gewöhnliche, steife, negative Vornehmheit, die genau weiß, was unterlassen werden muß, sondern jene seltnere, freie, positive Vornehmheit, die uns genau sagt, was wir tun dürfen, und die uns, bei aller Unbefangenheit, die höchste gesellige Sicherheit gibt. Ich entwickelte, zu meiner eigenen Verwunderung, viele geographische Kenntnisse, nannte der wißbegierigen Schönen alle Namen der Städte, die vor uns lagen, suchte und zeigte ihr dieselben auf meiner Landkarte, die ich über den Steintisch, der in der Mitte der Turmplatte steht, mit echter Dozentenmiene ausbreitete. Manche Stadt konnte ich nicht finden, vielleicht weil ich mehr mit den Fingern suchte als mit den Augen, die sich unterdessen auf dem Gesicht der holden Dame orientierten und dort schönere Partien fanden als „Schierke" und „Elend". Dieses Gesicht gehörte zu denen, die nie reizen, selten entzücken und immer gefallen. Ich liebe solche Gesichter, weil sie mein schlimmbewegtes Herz zur Ruhe lächeln.

In welchem Verhältnis der kleine Herr, der die Damen begleitete, zu denselben stehen mochte, konnte ich nicht erraten. Es war eine dünne, merkwürdige Figur. Ein Köpfchen, sparsam bedeckt mit grauen Härchen, die über die kurze Stirn bis an die grünlichen Libellenaugen reichten, die runde Nase weit hervortretend, dagegen Mund und Kinn sich wieder ängstlich nach den Ohren zurückziehend. Dieses Gesichtchen schien aus einem zarten, gelblichen Tone zu bestehen, woraus die Bildhauer ihre ersten Modelle kneten; und wenn die schmalen Lippen zusammenkniffen, zogen sich über die Wangen einige tausend halbkreisartige, feine Fältchen. Der kleine Mann sprach kein Wort, und nur dann und wann, wenn die ältere Dame ihm etwas Freundliches zuflüsterte, lächelte er wie ein Mops, der den Schnupfen hat.

Jene ältere Dame war die Mutter der jüngern, und auch sie besaß die vornehmsten Formen. Ihr Auge verriet einen krankhaft schwärmerischen Tiefsinn, um ihren Mund lag strenge Frömmigkeit, doch schien mir's, als ob er einst sehr schön gewesen sei und viel gelacht und viele Küsse empfangen und viele erwidert habe. Ihr Gesicht glich einem Codex palimpsestus, wo unter der neuschwarzen Mönchsschrift eines Kirchenvatertextes die halberloschenen Verse eines altgriechischen Liebesdichters hervorlauschen. Beide Damen waren mit ihrem Begleiter dieses Jahr in Italien gewesen und erzählten mir allerlei Schönes von Rom, Florenz und Venedig. Die Mutter erzählte viel von den Raphaelschen Bildern in der Peterskirche; die Tochter sprach mehr von der Oper im Theater Fenice.

Derweilen wir sprachen, begann es zu dämmern: die Luft wurde noch kälter, die Sonne neigte sich tiefer, und die Turmplatte füllte sich mit Studenten, Handwerksburschen und einigen ehrsamen Bürgersleuten, samt deren Ehefrauen und Töchtern, die alle den Sonnenuntergang sehen wollten. Es ist ein erhabener Anblick, der die Seele zum Gebet stimmt. Wohl eine Viertelstunde standen alle ernsthaft schweigend und sahen, wie der schöne Feuerball im Westen allmählich versank; die Gesichter wurden vom Abendrot angestrahlt, die Hände falteten sich unwillkürlich; es war, als ständen wir, eine stille Gemeinde, im Schiffe eines Riesendoms, und der Priester erhöbe jetzt den Leib des Herrn, und von der Orgel herab ergösse sich Palestrinas ewiger Choral.

Während ich so in Andacht versunken stehe, höre ich, daß neben mir jemand ausruft: „Wie ist die Natur doch im allgemeinen so schön!" Diese Worte kamen aus der gefühlvollen Brust meines Zimmergenossen, des jungen Kaufmanns. Ich gelangte dadurch wieder zu meiner Werkeltagsstimmung, war jetzt imstande, den Damen über den Sonnenuntergang recht viel Artiges zu sagen und sie ruhig, als wäre nichts passiert, nach ihrem Zimmer zu führen. Sie erlaubten mir auch, sie noch eine Stunde zu unterhalten. Wie die Erde selbst, drehte sich unsre Unterhaltung um die Sonne. Die Mutter äußerte: die in Nebel versinkende Sonne habe ausgesehen wie eine rotglühende Rose, die der galante Himmel herabgeworfen in den weitausgebreiteten, weißen Brautschleier seiner geliebten Erde. Die Tochter lächelte und meinte, der öftere Anblick solcher Naturerscheinungen schwäche ihren Eindruck. Die Mutter berichtigte diese falsche Meinung durch eine Stelle aus Goethes Reisebriefen und frug mich, ob ich den Werther gelesen? Ich glaube, wir sprachen auch von Angorakatzen, etruskischen Vasen, türkischen Schals, Makkaroni und Lord Byron, aus dessen Gedichten die ältere Dame einige Sonnenuntergangsstellen, recht hübsch lispelnd und seufzend, rezitierte. Der jüngern Dame, die kein Englisch verstand und jene Gedichte kennenlernen wollte, empfahl ich die Übersetzungen meiner schönen, geistreichen Landsmännin, der Baronin Elise von Hohenhausen, bei welcher Gelegenheit ich nicht ermangelte, wie ich gegen junge Damen zu tun pflege, über Byrons Gottlosigkeit, Lieblosigkeit, Trostlosigkeit, und der Himmel weiß was noch mehr, zu eifern.

Nach diesem Geschäfte ging ich noch auf dem Brocken spazieren; denn ganz dunkel wird es dort nie. Der Nebel war nicht stark, und ich betrachtete die Umrisse der beiden Hügel, die man den Hexenaltar und die Teufelskanzel nennt. Ich schoß meine Pistolen ab, doch es gab kein Echo. Plötzlich aber höre ich bekannte Stimmen und fühle mich umarmt und geküßt. Es waren meine Landsleute, die Göttingen vier Tage später verlassen hatten und bedeutend erstaunt waren, mich ganz allein auf dem Blocksberge wiederzufinden. Da gab es ein Erzählen und Verwundern und Verabreden, ein Lachen und Erinnern, und im Geiste waren wir wieder in unserm gelehrten Sibirien, wo die Kultur so groß ist, daß die Bären in den Wirtshäusern angebunden werden und die Zobel dem Jäger guten Abend wünschen.

Im großen Zimmer wurde eine Abendmahlzeit gehalten. Ein langer Tisch mit zwei Reihen hungriger Studenten. Im Anfange gewöhnliches Universitätsgespräch: Duelle, Duelle und wieder Duelle. Die Gesellschaft bestand meistens aus Hallensern, und Halle wurde daher Hauptgegenstand der Unterhaltung. Die Fensterscheiben des Hofrats Schütz wurden exegetisch beleuchtet. Dann erzählte man, daß die letzte Cour bei dem König von Zypern sehr glänzend gewesen sei, daß er einen natürlichen Sohn erwählt, daß er sich eine Lichtensteinsche Prinzessin ans linke Bein antrauen lassen, daß er die Staatsmätresse abgedankt, und daß das ganze gerührte Ministerium vorschriftsmäßig geweint habe. Ich brauche wohl nicht zu erwähnen, daß sich dieses auf Hallesche Bierwürden bezieht. Hernach kamen die zwei Chinesen aufs Tapet, die sich vor zwei Jahren in Berlin

gez. v. L. Richter

gest. v. L. Beyer

Der Stubenberg bei Gernrode

gez. v. L. Richter

gest. v. J. Carter

Das Brockenhaus

sehen ließen und jetzt in Halle zu Privatdozenten der chinesischen Ästhetik abgerichtet werden. Nun wurden Witze gerissen. Man setzte den Fall: ein Deutscher ließe sich in China für Geld sehen; und zu diesem Zwecke wurde ein Anschlagzettel geschmiedet, worin die Mandarinen Tsching-Tschang-Tschung und Hi-Ha-Ho begutachteten, daß es ein echter Deutscher sei, worin ferner seine Kunststücke aufgerechnet wurden, die hauptsächlich in Philosophieren, Tabakrauchen und Geduld bestanden, und worin noch schließlich bemerkt wurde, daß man um zwölf Uhr, welches die Fütterungsstunde sei, keine Hunde mitbringen dürfe, indem diese dem armen Deutschen die besten Brocken wegzuschnappen pflegten.

Ein junger Burschenschafter, der kürzlich zur Purifikation in Berlin gewesen, sprach viel von dieser Stadt, aber sehr einseitig. Er hatte Wisotzki und das Theater besucht; beide beurteilte er falsch. „Schnell fertig ist die Jugend mit dem Wort usw." Er sprach von Garderobeaufwand, Schauspieler- und Schauspielerinnenskandal usw. Der junge Mann wußte nicht, daß, da in Berlin überhaupt der Schein der Dinge am meisten gilt, was schon die allgemeine Redensart „man so duhn" hinlänglich andeutet, dieses Scheinwesen auf den Brettern erst recht florieren muß, und daß daher die Intendanz am meisten zu sorgen hat für die „Farbe des Barts, womit eine Rolle gespielt wird", für die Treue der Kostüme, die von beeidigten Historikern vorgezeichnet und von wissenschaftlich gebildeten Schneidern genäht werden. Und das ist notwendig. Denn trüge mal Maria Stuart eine Schürze, die schon zum Zeitalter der Königin Anna gehört, so würde gewiß der Bankier Christian Gumpel sich mit Recht beklagen, daß ihm dadurch alle Illusion verlorengehe; und hätte mal Lord Burleigh aus Versehen die Hose von Heinrich IV. angezogen, so würde gewiß die Kriegsrätin von Steinzopf, geb. Lilientau, diesen Anachronismus den ganzen Abend nicht aus den Augen lassen. Solche täuschende Sorgfalt der Generalintendanz erstreckt sich aber nicht bloß auf Schürzen und Hosen, sondern auch auf die darin verwickelten Personen. So soll künftig der Othello von einem wirklichen Mohren gespielt werden, den Professor Lichtenstein schon zu diesem Behufe aus Afrika verschrieben hat; in „Menschenhaß und Reue" soll künftig die Eulalia von einem wirklich verlaufenen Weibsbilde, der Peter von einem wirklich dummen Jungen und der Unbekannte von einem wirklich geheimen Hahnrei gespielt werden, die man alle drei nicht erst aus

Afrika zu verschreiben braucht. Hatte nun obenerwähnter junger Mensch die Verhältnisse des Berliner Schauspiels schlecht begriffen, so merkte er noch viel weniger, daß die Spontinische Janitscharen-oper, mit ihren Pauken, Elefanten, Trompeten und Tamtams, ein heroisches Mittel ist, um unser erschlafftes Volk kriegerisch zu stärken, ein Mittel, das schon Plato und Cicero staatspfiffig empfohlen haben. Am allerwenigsten begriff der junge Mensch die diplomatische Bedeutung des Balletts. Mit Mühe zeigte ich ihm, wie in Hoguets Füßen mehr Politik sitzt als in Buchholz' Kopf, wie alle seine Tanz-touren diplomatische Verhandlungen bedeuten, wie jede seiner Be-wegungen eine politische Beziehung habe, so zum Beispiel daß er unser Kabinett meint, wenn er, sehnsüchtig vorgebeugt, mit den Händen weit ausgreift; daß er den Bundestag meint, wenn er sich hundertmal auf einem Fuße herumdreht, ohne vom Fleck zu kommen; daß er die kleinen Fürsten im Sinne hat, wenn er wie mit gebundenen Beinen herumtrippelt; daß er das europäische Gleichgewicht bezeich-net, wenn er wie ein Trunkener hin und her schwankt; daß er einen Kongreß andeutet, wenn er die gebogenen Arme knäuelartig inein-ander verschlingt; und endlich, daß er unsern allzu großen Freund im Osten darstellt, wenn er in allmählicher Entfaltung sich in die Höhe hebt, in dieser Stellung lange ruht und plötzlich in die erschreck-lichsten Sprünge ausbricht. Dem jungen Manne fielen die Schuppen von den Augen, und jetzt merkte er, warum Tänzer besser honoriert werden als große Dichter, warum das Ballett beim diplomatischen Korps ein unerschöpflicher Gegenstand des Gesprächs ist, und warum oft eine schöne Tänzerin noch privatim von dem Minister unterhalten wird, der sich gewiß Tag und Nacht abmüht, sie für sein politisches Systemchen empfänglich zu machen. Beim Apis! Wie groß ist die Zahl der exoterischen, und wie klein die Zahl der esoterischen Theater-besucher! Da steht das blöde Volk und gafft und bewundert Sprünge und Wendungen, und studiert Anatomie in den Stellungen der Lemiere, und applaudiert die Entrechats der Röhnisch, und schwatzt von Grazie, Harmonie und Lenden – und keiner merkt, daß er in getanzten Chiffren das Schicksal des deutschen Vaterlandes vor Augen hat.

Während solcherlei Gespräche hin und her flogen, verlor man doch das Nützliche nicht aus den Augen, und den großen Schüsseln, die mit Fleisch, Kartoffeln usw. ehrlich angefüllt waren, wurde fleißig zugesprochen. Jedoch war das Essen schlecht. Dies erwähnte ich leichthin gegen meinen Nachbar, der aber mit einem Akzente, woran ich den Schweizer erkannte, gar unhöflich antwortete: daß wir Deutschen wie mit der wahren Freiheit, so auch mit der wahren Genügsamkeit unbekannt seien. Ich zuckte die Achseln und bemerkte: daß die eigentlichen Fürstenknechte und Leckerkramverfertiger überall Schweizer sind und vorzugsweise so genannt werden, und daß überhaupt die jetzigen schweizerischen Freiheitshelden, die so viel Politisch-Kühnes ins Publikum hineinschwatzen, mir immer vorkommen wie Hasen, die auf öffentlichen Jahrmärkten Pistolen abschießen, alle Kinder und Bauern durch ihre Kühnheit in Erstaunen setzen und dennoch Hasen sind.

Der Sohn der Alpen hatte es gewiß nicht böse gemeint, „es war ein dicker Mann, folglich ein guter Mann", sagt Cervantes. Aber mein Nachbar von der andern Seite, ein Greifswalder, war durch jene Äußerung sehr pikiert; er beteuerte, daß deutsche Tatkraft und Einfältigkeit noch nicht erloschen sei, schlug sich dröhnend auf die Brust und leerte eine ungeheure Stange Weißbier. Der Schweizer sagte: „Nu! Nu!" Doch je beschwichtigender er dieses sagte, desto eifriger ging der Greifswalder ins Geschirr. Dieser war ein Mann aus jenen Zeiten, als die Läuse gute Tage hatten und die Friseure zu verhungern fürchteten. Er trug herabhängend langes Haar, ein ritterliches Barett, einen schwarzen altdeutschen Rock, ein schmutziges Hemd, das zugleich das Amt einer Weste versah, und darunter ein Medaillon mit einem Haarbüschel von Blüchers Schimmel. Er sah aus wie ein Narr in Lebensgröße. Ich mache mir gern einige Bewegung beim Abendessen und ließ mich daher von ihm in einen patriotischen Streit verflechten. Er war der Meinung, Deutschland müsse in dreiunddreißig Gaue geteilt werden. Ich hingegen behauptete: es müßten achtundvierzig sein, weil man alsdann ein systematischeres Handbuch über Deutschland schreiben könne und es doch notwendig sei, das Leben mit der Wissenschaft zu verbinden. Mein Greifswalder Freund war auch ein deutscher Barde, und wie er mir vertraute, arbeitete er an einem Nationalheldengedicht zur Verherrlichung Hermanns und der Hermannsschlacht. Manchen nützlichen Wink gab ich ihm für die Anfertigung dieses Epos. Ich machte ihn darauf aufmerksam, daß er die Sümpfe und Knüppelwege des Teutoburger Waldes sehr onomatopöisch durch wäßrige und holprige Verse andeuten könne, und daß es eine patriotische Feinheit wäre, wenn er den Varus und die übrigen Römer lauter Unsinn sprechen ließe. Ich hoffe, dieser Kunstkniff wird ihm, ebenso erfolgreich wie andern Berliner Dichtern, bis zur bedenklichsten Illusion gelingen.

An unserem Tische wurde es immer lauter und traulicher, der Wein verdrängte das Bier, die Punschbowlen dampften, es wurde getrunken, schmolliert und gesungen. Der alte Landesvater und herrliche Lieder von W. Müller, Rückert, Uhland usw. erschollen. Schöne Methfesselsche Melodien. Am allerbesten erklangen unseres Arndts deutsche Worte: „Der Gott, der Eisen wachsen ließ, der wollte keine Knechte!" Und draußen brauste es, als ob der alte Berg mitsänge, und einige schwankende Freunde behaupteten sogar, er schüttle freudig sein kahles Haupt, und unser Zimmer werde dadurch hin und her bewegt. Die Flaschen wurden leerer und die Köpfe voller. Der eine brüllte, der andere fistulierte, ein dritter deklamierte aus der „Schuld", ein vierter sprach Latein, ein fünfter predigte von der Mäßigkeit, und ein sechster stellte sich auf den Stuhl und dozierte: „Meine Herren! Die Erde ist eine runde Walze, die Menschen sind einzelne Stiftchen darauf, scheinbar arglos zerstreut; aber die Walze dreht sich, die Stiftchen stoßen hier und da an und tönen, die einen oft, die andern selten, das gibt eine wunderbare, komplizierte Musik, und diese heißt Weltgeschichte. Wir sprechen also erst von der Musik, dann von der Welt, und endlich von der Geschichte; letztere aber teilen wir ein in Positiv und spanische Fliegen." – Und so ging's weiter mit Sinn und Unsinn.

Ein gemütlicher Mecklenburger, der seine Nase im Punschglase hatte und selig lächelnd den Dampf einschnupfte, machte die Bemerkung: es sei ihm zumute, als stände er wieder vor dem Theaterbüffett in Schwerin! Ein anderer hielt sein Weinglas wie ein Perspektiv vor die Augen und schien uns aufmerksam damit zu betrachten, während ihm der rote Wein über die Backen ins hervortretende Maul hinablief. Der Greifswalder, plötzlich begeistert, warf sich an meine Brust und jauchzte: „Oh, verständest du mich, ich bin ein Liebender, ich bin ein Glücklicher, ich werde wiedergeliebt, und Gott verdamm' mich! es ist ein gebildetes Mädchen, denn sie hat volle Brüste, und trägt ein weißes Kleid, und spielt Klavier!" – Aber der Schweizer weinte, und küßte zärtlich meine Hand, und wimmerte beständig: „O Bäbeli! O Bäbeli!"

68

In diesem verworrenen Treiben, wo die Teller tanzen und die Gläser fliegen lernten, saßen mir gegenüber zwei Jünglinge, schön und blaß wie Marmorbilder, der eine mehr dem Adonis, der andere mehr dem Apollo ähnlich. Kaum bemerkbar war der leise Rosenhauch, den der Wein über ihre Wangen hinwarf. Mit unendlicher Liebe sahen sie sich einander an, als wenn einer lesen könnte in den Augen des andern, und in diesen Augen strahlte es, als wären einige Lichttropfen hineingefallen aus jener Schale voll lodernder Liebe, die ein frommer Engel dort oben von einem Stern zum andern hinüberträgt. Sie sprachen leise mit sehnsuchtbebender Stimme, und es waren traurige Geschichten, aus denen ein wunderschmerzlicher Ton hervorklang. „Die Lore ist jetzt auch tot!" sagte der eine und seufzte, und nach einer Pause erzählte er von einem Halleschen Mädchen, das in einen Studenten verliebt war und, als dieser Halle verließ, mit niemand mehr sprach, und wenig aß, und Tag und Nacht weinte, und immer den Kanarienvogel betrachtete, den der Geliebte ihr einst geschenkt hatte. „Der Vogel starb, und bald darauf ist auch die Lore gestorben!" so schloß die Erzählung, und beide Jünglinge schwiegen wieder und seufzten, als wollte ihnen das Herz zerspringen. Endlich sprach der andere: „Meine Seele ist traurig! Komm mit hinaus in die dunkle Nacht! Einatmen will ich den Hauch der Wolken und die Strahlen des Mondes. Genosse meiner Wehmut! ich liebe dich, deine Worte tönen wie Rohrgeflüster, wie gleitende Ströme, sie tönen wieder in meiner Brust, aber meine Seele ist traurig!"

Nun erhoben sich die beiden Jünglinge, einer schlang den Arm um den Nacken des andern, und sie verließen das tosende Zimmer. Ich folgte ihnen nach und sah, wie sie in eine dunkle Kammer traten, wie der eine, statt des Fensters, einen großen Kleiderschrank öffnete, wie beide vor demselben mit sehnsüchtig ausgestreckten Armen stehenblieben und wechselweise sprachen. „Ihr Lüfte der dämmernden Nacht!" rief der erste, „wie erquickend kühlt ihr meine Wangen! Wie lieblich spielt ihr mit meinen flatternden Locken! Ich steh' auf des Berges wolkigem Gipfel, unter mir liegen die schlafenden Städte der Menschen und blinken die blauen Gewässer. Horch! dort unten im Tale rauschen die Tannen! Dort über die Hügel ziehen in Nebelgestalten die Geister der Väter. Oh, könn't ich mit euch jagen, auf dem Wolkenroß, durch die stürmische Nacht, über die rollende See, zu den Sternen hinauf! Aber ach! ich bin beladen mit Leid, und meine Seele

ist traurig!" – Der andere Jüngling hatte ebenfalls seine Arme sehn-
suchtsvoll nach dem Kleiderschrank ausgestreckt, Tränen stürzten
aus seinen Augen, und zu einer gelbledernen Hose, die er für den
Mond hielt, sprach er mit wehmütiger Stimme: „Schön bist du, Tochter
des Himmels! Holdselig ist deines Antlitzes Ruhe! Du wandelst einher
in Lieblichkeit! Die Sterne folgen deinen blauen Pfaden im Osten.
Bei deinem Anblick erfreuen sich die Wolken, und es lichten sich
ihre düstern Gestalten. Wer gleicht dir am Himmel, Erzeugte der
Nacht? Beschämt in deiner Gegenwart sind die Sterne, und wenden
ab die grünfunkelnden Augen. Wohin, wenn des Morgens dein Antlitz erbleicht, entfliehst du von deinem Pfade? Hast du gleich mir
deine Halle? Wohnst du im Schatten der Wehmut? Sind deine Schwe-
stern vom Himmel gefallen? Sie, die freudig mit dir die Nacht durch-
wallten, sind sie nicht mehr? Ja, sie fielen herab, o schönes Licht, und
du verbirgst dich oft, sie zu betrauern. Doch einst wird kommen die
Nacht, und du, auch du bist vergangen und hast deine blauen Pfade
dort oben verlassen. Dann erheben die Sterne ihre grünen Häupter,
die einst deine Gegenwart beschämt, sie werden sich freuen. Doch
jetzt bist du gekleidet in deine Strahlenpracht und schaust herab aus
den Toren des Himmels. Zerreißt die Wolken, o Winde, damit die
Erzeugte der Nacht hervorzuleuchten vermag, und die buschigen
Berge erglänzen, und das Meer seine schäumenden Wogen rolle in
Licht!"

Ein wohlbekannter, nicht sehr magerer Freund, der mehr getrunken
als gegessen hatte, obgleich er auch heute abend, wie gewöhnlich,
eine Portion Rindfleisch verschlungen, wovon sechs Gardeleutnants
und ein unschuldiges Kind satt geworden wären, dieser kam jetzt in
allzugutem Humor, das heißt ganz en Schwein, vorbeigerannt, schob
die beiden elegischen Freunde etwas unsanft in den Schrank hinein,
polterte nach der Haustüre und wirtschaftete draußen ganz mörderlich.
Der Lärm im Saal wurde auch immer verworrener und dumpfer. Die
beiden Jünglinge im Schranke jammerten und wimmerten, sie lägen
zerschmettert am Fuße des Berges; aus dem Hals strömt ihnen der
edle Rotwein, sie überschwemmten sich wechselseitig, und der eine
sprach zum andern: „Lebe wohl! Ich fühle, daß ich verblute. Warum
weckst du mich, Frühlingsluft? Du buhlst und sprichst: Ich betaue dich
mit Tropfen des Himmels. Doch die Zeit meines Welkens ist nahe,
nahe der Sturm, der meine Blätter herabstört! Morgen wird der

Wanderer kommen, kommen, der mich sah in meiner Schönheit, ringsum wird sein Auge im Felde mich suchen, und wird mich nicht finden. —" Aber alles übertobte die wohlbekannte Baßstimme, die draußen vor der Türe unter Fluchen und Jauchzen sich gotteslästerlich beklagte: daß auf der ganzen dunkeln Weenderstraße keine einzige Laterne brenne und man nicht einmal sehen könne, bei wem man die Fensterscheiben eingeschmissen habe.

Ich kann viel vertragen – die Bescheidenheit erlaubt mir nicht, die Bouteillenzahl zu nennen – und ziemlich gut konditioniert gelangte ich nach meinem Schlafzimmer. Der junge Kaufmann lag schon im Bette, mit seiner kreideweißen Nachtmütze und safrangelben Jacke von Gesundheitsflanell. Er schlief noch nicht und suchte ein Gespräch mit mir anzuknöpfen. Er war ein Frankfurt-am-Mainer, und folglich sprach er gleich von den Juden, die alles Gefühl für das Schöne und Edle verloren haben und die englischen Waren fünfundzwanzig Prozent unter dem Fabrikpreise verkaufen. Es ergriff mich die Lust, ihn etwas zu mystifizieren; deshalb sagte ich ihm: ich sei ein Nachtwandler und müsse im voraus um Entschuldigung bitten für den Fall, daß ich ihn etwa im Schlafe stören möchte. Der arme Mensch hat deshalb, wie er mir den andern Tag gestand, die ganze Nacht nicht geschlafen, da er die Besorgnis hegte, ich könnte mit meinen Pistolen, die vor meinem Bette lagen, im Nachtwandlerzustande ein Malheur anrichten. Im Grunde war es mir nicht viel besser als ihm gegangen, ich hatte sehr schlecht geschlafen. Wüste, beängstigende Phantasiegebilde. Ein Klavierauszug aus Dantes „Hölle". Am Ende träumte mir gar, ich sähe die Aufführung einer juristischen Oper, die Falcidia geheißen, erbrechtlicher Text von Gans und Musik von Spontini. Ein toller Traum. Das römische Forum leuchtete prächtig; Serv. Asinus Göschenus als Prätor auf seinem Stuhle, die Toga in stolze Falten werfend, ergoß sich in polternden Rezitativen; Marcus Tullius Elversus, als Prima Donna legataria, all seine holde Weiblichkeit offenbarend, sang die liebeschmelzende Bravourarie quicunque civis romanus; ziegelrot geschminkte Referendarien brüllten als Chor der Unmündigen; Privatdozenten, als Genien in fleischfarbigen Trikot gekleidet, tanzten ein antejustinianeisches Ballett und bekränzten mit Blumen die zwölf Tafeln, unter Donner und Blitz stieg aus der Erde der beleidigte Geist der römischen Gesetzgebung; hierauf Posaunen, Tamtam, Feuerregen, cum omni causa.

Aus diesem Lärmen zog mich der Brockenwirt, indem er mich weckte, um den Sonnenaufgang anzusehen. Auf dem Turm fand ich schon einige Harrende, die sich die frierenden Hände rieben, andere, noch den Schlaf in den Augen, taumelten herauf. Endlich stand die stille Gemeinde von gestern abend wieder ganz versammelt, und schweigend sahen wir, wie am Horizonte die kleine karmesinrote Kugel emporstieg, eine winterlich dämmernde Beleuchtung sich verbreitete, die Berge wie in einem weißwallenden Meere schwammen und bloß die Spitzen derselben sichtbar hervortraten, so daß man auf einem kleinen Hügel zu stehen glaubte, mitten auf einer überschwemmten Ebene, wo nur hier und da eine trockene Erdscholle hervortritt. Um das Gesehene und Empfundene in Worten festzuhalten, zeichnete ich folgendes Gedicht:

Heller wird es schon im Osten
Durch der Sonne kleines Glimmen,
Weit und breit die Bergesgipfel
In dem Nebelmeere schwimmen.

Hätt' ich Siebenmeilenstiefel,
Lief' ich mit der Hast des Windes
Über jene Bergesgipfel
Nach dem Haus des lieben Kindes.

Von dem Bettchen, wo sie schlummert,
Zög' ich leise die Gardinen,
Leise küßt' ich ihre Stirne,
Leise ihres Munds Rubinen.

Und noch leiser wollt' ich flüstern
In die kleinen Lilienohren:
Denk' im Traum, daß wir uns lieben,
Und daß wir uns nie verloren!

Indessen, meine Sehnsucht nach einem Frühstück war ebenfalls groß, und nachdem ich meinen Damen einige Höflichkeiten gesagt, eilte ich hinab, um in der warmen Stube Kaffee zu trinken. Es tat not; in meinem Magen sah es so nüchtern aus wie in der Goslarschen

Stephanskirche. Aber mit dem arabischen Trank rieselte mir auch der warme Orient durch die Glieder, östliche Rosen umdufteten mich, süße Bülbüllieder erklangen, die Studenten verwandelten sich in Kamele, die Brockenhausmädchen mit ihren Congreveschen Blicken wurden zu Huris, die Philisternasen wurden Minaretts usw.

Das Buch, das neben mir lag, war aber nicht der Koran. Unsinn enthielt es freilich genug. Es war das sogenannte Brockenbuch, worin alle Reisende, die den Berg erstiegen, ihre Namen schreiben, und die meisten noch einige Gedanken und, in Ermangelung derselben, ihre Gefühle hinzunotieren. Viele drücken sich sogar in Versen aus. In diesem Buche sieht man, welche Greuel entstehen, wenn der große Philistertroß bei gebräuchlichen Gelegenheiten, wie hier auf dem Brocken, sich vorgenommen hat, poetisch zu werden. Der Palast des Prinzen von Pallagonia enthält keine so große Abgeschmacktheiten wie dieses Buch, wo besonders hervorglänzen die Herren Akziseeinnehmer mit ihren verschimmelten Hochgefühlen, die Kontorjünglinge mit ihren pathetischen Seelenergüssen, die altdeutschen Revolutionsdilettanten mit ihren Turngemeinplätzen, die Berliner Schullehrer mit ihren verunglückten Entzückungsphrasen usw. Herr Johannes Hagel will sich auch mal als Schriftsteller zeigen. Hier wird des Sonnenaufgangs majestätische Pracht beschrieben; dort wird geklagt über schlechtes Wetter, über getäuschte Erwartungen, über den Nebel, der alle Aussicht versperrt. „Benebelt heraufgekommen und benebelt hinuntergegangen!" ist ein stehender Witz, der hier von Hunderten nachgerissen wird. Das ganze Buch riecht nach Käse, Bier und Tabak; man glaubt einen Roman von Clauren zu lesen.

Während ich nun besagtermaßen Kaffee trank und im Brockenbuche blätterte, trat der Schweizer mit hochroten Wangen herein, und voller Begeisterung erzählte er von dem erhabenen Anblick, den er oben auf dem Turme genossen, als das reine, ruhige Licht der Sonne, Sinnbild der Wahrheit, mit den nächtlichen Nebelmassen gekämpft, daß es ausgesehen habe wie eine Geisterschlacht, wo zürnende Riesen ihre langen Schwerter ausstrecken, geharnischte Ritter auf bäumenden Rossen einherjagen, Streitwagen, flatternde Banner, abenteuerliche Tierbildungen aus dem wildesten Gewühle hervortauchen, bis endlich alles in den wahnsinnigsten Verzerrungen zusammenkräuselt, blasser und blasser zerrinnt und spurlos verschwindet. Diese demagogische Naturerscheinung hatte ich versäumt, und ich kann, wenn es zur Untersuchung kommt, eidlich versichern: daß ich von nichts weiß, als vom Geschmack des guten braunen Kaffees. Ach, dieser war sogar schuld, daß ich meine schöne Dame vergessen, und jetzt stand sie vor der Tür mit Mutter und Begleiter, im Begriff den Wagen zu besteigen. Kaum hatte ich noch Zeit, hinzueilen und ihr zu versichern, daß es kalt sei. Sie schien unwillig, daß ich nicht früher gekommen; doch ich glättete bald die mißmütigen Falten ihrer schönen Stirn, indem ich ihr eine wunderliche Blume schenkte, die ich den Tag vorher mit halsbrecherischer Gefahr von einer steilen Felsenwand gepflückt hatte. Die Mutter verlangte den Namen der Blume zu wissen, gleichsam als ob sie es unschicklich fände, daß ihre Tochter eine fremde, unbekannte Blume vor die Brust stecke – denn wirklich, die Blume erhielt diesen beneidenswerten Platz, was sie sich gewiß gestern auf ihrer einsamen Höhe nicht träumen ließ. Der schweigsame Begleiter öffnete jetzt auf einmal den Mund, zählte die Staubfäden der Blume und sagte ganz trocken: „Sie gehört zur achten Klasse."

Es ärgert mich jedesmal, wenn ich sehe, daß man auch Gottes liebe Blumen, ebenso wie uns, in Kasten geteilt hat und nach ähnlichen Äußerlichkeiten, nämlich nach Staubfäden-Verschiedenheit. Soll doch mal eine Einteilung stattfinden, so folge man dem Vorschlage Theophrasts, der die Blumen mehr nach dem Geiste, nämlich nach ihrem Geruch, einteilen wollte. Was mich betrifft, so habe ich in der Naturwissenschaft mein eigenes System, und demnach teile ich alles ein: in dasjenige, was man essen kann, und in dasjenige, was man nicht essen kann.

Jedoch der ältern Dame war die geheimnisvolle Natur der Blumen nichts weniger als verschlossen, und unwillkürlich äußerte sie: daß sie von den Blumen, wenn sie noch im Garten oder im Topfe wachsen, recht erfreut werde, daß hingegen ein leises Schmerzgefühl traumhaft beängstigend ihre Brust durchzittere, wenn sie eine abgebrochene Blume sehe – da eine solche doch eigentlich eine Leiche sei und so eine gebrochene, zarte Blumenleiche ihr welkes Köpfchen recht traurig herabhängen lasse, wie ein totes Kind. Die Dame war fast erschrocken über den trüben Widerschein ihrer Bemerkung, und es war meine Pflicht, denselben mit einigen Voltaireschen Versen zu verscheuchen. Wie doch ein paar französische Worte uns gleich in die gehörige Konvenienzstimmung zurückversetzen können! Wir lachten,

Hände wurden geküßt, huldreich wurde gelächelt, die Pferde wieherten, und der Wagen holperte langsam und beschwerlich den Berg hinunter.

Nun machten auch die Studenten Anstalt zum Abreisen, die Ranzen wurden geschnürt, die Rechnungen, die über alle Erwartung billig ausfielen, berichtigt; die empfänglichen Hausmädchen, auf deren Gesichtern die Spuren glücklicher Liebe, brachten, wie gebräuchlich ist, die Brockensträußchen, halfen solche auf die Mützen befestigen, wurden dafür mit einigen Küssen oder Groschen honoriert, und so stiegen wir alle den Berg hinab, indem die einen, wobei der Schweizer und Greifswalder, den Weg nach Schierke einschlugen, und die andern, ungefähr zwanzig Mann, wobei auch meine Landsleute und ich, angeführt von einem Wegweiser, durch die sogenannten Schneelöcher hinabzogen nach Ilsenburg.

Das ging über Hals und Kopf. Hallesche Studenten marschieren schneller als die österreichische Landwehr. Ehe ich mich dessen versah, war die kahle Partie des Berges mit den darauf zerstreuten Steingruppen schon hinter uns, und wir kamen durch einen Tannenwald, wie ich ihn den Tag vorher gesehen. Die Sonne goß schon ihre festlichen Strahlen herab und beleuchtete die humoristisch buntgekledeten Burschen, die so munter durch das Dickicht drangen, hier verschwanden, dort wieder zum Vorschein kamen, bei Sumpfstellen über die quergelegten Baumstämme liefen, bei abschüssigen Tiefen an den rankenden Wurzeln kletterten, in den ergötzlichsten Tonarten emporjohlten und ebenso lustige Antwort zurück erhielten von den zwitschernden Waldvögeln, von den rauschenden Tannen, von den unsichtbar plätschernden Quellen und von dem schallenden Echo. Wenn frohe Jugend und schöne Natur zusammenkommen, so freuen sie sich wechselseitig.

Je tiefer wir hinabstiegen, desto lieblicher rauschte das unterirdische Gewässer, nur hier und da, unter Gestein und Gesträuppe, blinkte es hervor, und schien heimlich zu lauschen, ob es ans Licht treten dürfe, und endlich kam eine kleine Welle entschlossen hervorgesprungen. Nun zeigt sich die gewöhnliche Erscheinung: ein Kühner macht den Anfang, und der große Troß der Zagenden wird plötzlich, zu seinem eigenen Erstaunen, von Mut ergriffen und eilt, sich mit jenem ersten zu vereinigen. Eine Menge anderer Quellen hüpften jetzt hastig aus ihrem Versteck, verbanden sich mit der zuerst hervorgesprungenen, und bald bildeten sie zusammen ein schon bedeutendes Bächlein, das in unzähligen Wasserfällen und in wunderlichen Windungen das Bergtal hinabrauscht. Das ist nun die Ilse, die liebliche, süße Ilse. Sie zieht sich durch das gesegnete Ilsetal, an dessen beiden Seiten sich die Berge allmählich höher erheben, und diese sind bis zu ihrem Fuße meistens mit Buchen, Eichen und gewöhnlichem Blattgesträuche bewachsen, nicht mehr mit Tannen und anderm Nadelholz. Denn jene Blätterholzart wird vorherrschend auf dem „Unterharze", wie man die Ostseite des Brockens nennt, im Gegensatz zur Westseite desselben, die der „Oberharz" heißt und wirklich viel höher ist, also auch viel geeigneter zum Gedeihen der Nadelhölzer.

Es ist unbeschreibbar, mit welcher Fröhlichkeit, Naivität und Anmut die Ilse sich hinunterstürzt über die abenteuerlich gebildeten Felsstücke, die sie in ihrem Lauf findet, so daß das Wasser hier wild emporzischt oder schäumend überläuft, dort aus allerlei Steinspalten, wie aus vollen Gießkannen, in reinen Bögen sich ergießt und unten wieder über die kleinen Steine hintrippelt, wie ein munteres Mädchen. Ja, die Sage ist wahr, die Ilse ist eine Prinzessin, die lachend und blühend den Berg hinabläuft. Wie blinkt im Sonnenschein ihr weißes Schaumgewand! Wie flattern im Winde ihre silbernen Busenbänder! Wie funkeln und blitzen ihre Diamanten! Die hohen Buchen stehen dabei gleich ernsten Vätern, die verstohlen lächelnd dem Mutwillen des lieblichen Kindes zusehen; die weißen Birken bewegen sich tantenhaft vergnügt und doch zugleich ängstlich über die gewagten Sprünge; der stolze Eichbaum schaut drein wie ein verdrießlicher Oheim, der das schöne Wetter bezahlen soll; die Vögelein in den Lüften jubeln ihren Beifall, die Blumen am Ufer flüstern zärtlich: Oh, nimm uns mit, nimm uns mit, lieb Schwesterchen! – aber das lustige Mädchen springt unaufhaltsam weiter, und plötzlich ergreift sie den träumenden Dichter, und es strömt auf mich herab ein Blumenregen von klingenden Strahlen und strahlenden Klängen, und die Sinne vergehen mir vor lauter Herrlichkeit, und ich höre nur noch die flötensüße Stimme:

> Ich bin die Prinzessin Ilse
> Und wohne im Ilsenstein;
> Komm mit nach meinem Schlosse,
> Wir wollen selig sein.

Dein Haupt will ich benetzen
Mit meiner klaren Well',
Du sollst deine Schmerzen vergessen,
Du sorgenkranker Gesell!

In meinen weißen Armen,
An meiner weißen Brust,
Da sollst du liegen und träumen
Von alter Märchenlust.

Ich will dich küssen und herzen,
Wie ich geherzt und geküßt
Den lieben Kaiser Heinrich,
Der nun gestorben ist.

Es bleiben tot die Toten,
Und nur der Lebendige lebt;
Und ich bin schön und blühend,
Mein lachendes Herze bebt.

Komm in mein Schloß herunter,
In mein kristallenes Schloß,
Da tanzen die Fräulein und Ritter,
Es jubelt der Knappentroß.

Es rauschen die seidenen Schleppen,
Es klirren die Eisensporn,
Die Zwerge trompeten und pauken
Und fiedeln und blasen das Horn.

Doch dich soll mein Arm umschlingen,
Wie er Kaiser Heinrich umschlang;
Ich hielt ihm zu die Ohren,
Wenn die Trompet' erklang.

Unendlich selig ist das Gefühl, wenn die Erscheinungswelt mit
unserer Gemütswelt zusammenrinnt und grüne Bäume, Gedanken,
Vögelgesang, Wehmut, Himmelsbläue, Erinnerung und Kräuterduft

sich in süßen Arabesken verschlingen. Die Frauen kennen am besten dieses Gefühl, und darum mag auch ein so holdselig ungläubiges Lächeln um ihre Lippen schweben, wenn wir mit Schulstolz unsere logischen Taten rühmen, wie wir alles so hübsch eingeteilt in objektiv und subjektiv, wie wir unsere Köpfe apothekenartig mit tausend Schubladen versehen, wo in der einen Vernunft, in der andern Verstand, in der dritten Witz, in der vierten schlechter Witz, und in der fünften gar nichts, nämlich die Idee, enthalten ist.

Wie im Traume fortwandelnd, hatte ich fast nicht bemerkt, daß wir die Tiefe des Ilsetales verlassen und wieder bergauf stiegen. Dies ging sehr steil und mühsam, und mancher von uns kam außer Atem. Doch wie unser seliger Vetter, der zu Mölln begraben liegt, dachten wir im voraus ans Bergabsteigen und waren um so vergnügter. Endlich gelangten wir auf den Ilsenstein.

Das ist ein ungeheurer Granitfelsen, der sich lang und keck aus der Tiefe erhebt. Von drei Seiten umschließen ihn die hohen, waldbedeckten Berge, aber die vierte, die Nordseite, ist frei, und hier schaut man das unten liegende Ilsenburg und die Ilse weit hinab ins niedere Land. Auf der turmartigen Spitze des Felsens steht ein großes eisernes Kreuz, und zur Not ist da noch Platz für vier Menschenfüße.

Wie nun die Natur durch Stellung und Form den Ilsenstein mit phantastischen Reizen geschmückt, so hat auch die Sage ihren Rosenschein darüber ausgegossen. Gottschalk berichtet: „Man erzählt, hier habe ein verwünschtes Schloß gestanden, in welchem die reiche, schöne Prinzessin Ilse gewohnt, die sich noch jetzt jeden Morgen in der Ilse bade; und wer so glücklich ist, den rechten Zeitpunkt zu treffen, werde von ihr in den Felsen, wo ihr Schloß sei, geführt und königlich belohnt." Andere erzählen von der Liebe des Fräuleins Ilse und des Ritters von Westenberg eine hübsche Geschichte, die einer unserer bekanntesten Dichter romantisch in der „Abendzeitung" besungen hat. Andere wieder erzählen anders: Es soll der altsächsische Kaiser Heinrich gewesen sein, der mit Ilse, der schönen Wasserfee, in ihrer verzauberten Felsenburg die kaiserlichsten Stunden genossen. Ein neuerer Schriftsteller, Herr Niemann, Wohlgeb., der ein Harzreisebuch geschrieben, worin er die Gebirgshöhen, Abweichungen der Magnetnadel, Schulden der Städte und dergleichen mit löblichem Fleiße und genauen Zahlen angegeben, behauptet indes: „Was man von der schönen Prinzessin Ilse erzählt, gehört dem Fabelreiche an."

So sprechen alle diese Leute, denen eine solche Prinzessin niemals erschienen ist, wir aber, die wir von schönen Damen besonders begünstigt werden, wissen das besser. Auch Kaiser Heinrich wußte es. Nicht umsonst hingen die altsächsischen Kaiser so sehr an ihrem heimischen Harze. Man blättere nur in der hübschen Lüneburger Chronik, wo die guten, alten Herren in wunderlich treuherzigen Holzschnitten abkonterfeit sind, wohlgeharnischt, hoch auf ihrem gewappneten Schlachtroß, die heilige Kaiserkrone auf dem teuren Haupte, Zepter und Schwert in festen Händen; und auf den lieben, knebelbärtigen Gesichtern kann man deutlich lesen, wie oft sie sich nach den süßen Herzen ihrer Harzprinzessinnen und dem traulichen Rauschen der Harzwälder zurücksehnten, wenn sie in der Fremde weilten, wohl gar in dem zitronen- und giftreichen Welschland, wohin sie und ihre Nachfolger so oft verlockt wurden von dem Wunsche, römische Kaiser zu heißen, einer echtdeutschen Titelsucht, woran Kaiser und Reich zugrunde gingen.

Ich rate aber jedem, der auf der Spitze des Ilsensteins steht, weder an Kaiser und Reich noch an die schöne Ilse, sondern bloß an seine Füße zu denken. Denn als ich dort stand, in Gedanken verloren, hörte ich plötzlich die unterirdische Musik des Zauberschlosses, und ich sah, wie sich die Berge ringsum auf die Köpfe stellten, und die roten Ziegeldächer zu Ilsenburg anfingen zu tanzen, und die grünen Bäume in der blauen Luft herumflogen, daß es mir blau und grün vor den Augen wurde und ich sicher, vom Schwindel erfaßt, in den Abgrund gestürzt wäre, wenn ich mich nicht in meiner Seelennot ans eiserne Kreuz festgeklammert hätte. Daß ich, in so mißlicher Stellung, dieses letztere getan habe, wird mir gewiß niemand verdenken.

Die „Harzreise" ist und bleibt Fragment, und die bunten Fäden, die so hübsch hineingesponnen sind, um sich im Ganzen harmonisch zu verschlingen, werden plötzlich, wie von der Schere der unerbittlichen Parze, abgeschnitten. Vielleicht verwebe ich sie weiter in künftigen Liedern, und was jetzt kärglich verschwiegen ist, wird alsdann vollauf gesagt. Am Ende kommt es auch auf eins heraus, wann und wo man etwas ausgesprochen hat, wenn man es nur überhaupt einmal ausspricht. Mögen die einzelnen Werke immerhin Fragmente bleiben, wenn sie nur in ihrer Vereinigung ein Ganzes bilden.

Durch solche Vereinigung mag hier und da das Mangelhafte ergänzt, das Schroffe ausgeglichen und das Allzuherbe gemildert werden. Dieses würde vielleicht schon bei den ersten Blättern der „Harzreise" der Fall sein, und sie könnten wohl einen minder sauern Eindruck hervorbringen, wenn man anderweitig erführe, daß der Unmut, den ich gegen Göttingen im allgemeinen hege, obschon er noch größer ist, als ich ihn ausgesprochen, doch lange nicht so groß ist wie die Verehrung, die ich für einige Individuen dort empfinde. Und warum sollte ich es verschweigen: ich meine hier ganz besonders jenen viel teueren Mann, der schon in frühern Zeiten sich so freundlich meiner annahm, mir schon damals eine innige Liebe für das Studium der Geschichte einflößte, mich späterhin in dem Eifer für dasselbe bestärkte und dadurch meinen Geist auf ruhigere Bahnen führte, meinem Lebensmute heilsamere Richtungen anwies und mir überhaupt jene historischen Tröstungen bereitete, ohne welche ich die qualvollen Erscheinungen des Tages nimmermehr ertragen würde. Ich spreche von Georg Sartorius, dem großen Geschichtsforscher und Menschen, dessen Auge ein klarer Stern ist in unserer dunkeln Zeit, und dessen gastliches Herz offensteht für alle fremden Leiden und Freuden, für die Besorgnisse des Bettlers und des Königs, und für die letzten Seufzer untergehender Völker und ihrer Götter.

Ich kann nicht umhin, hier ebenfalls anzudeuten: daß der Oberharz, jener Teil des Harzes, den ich bis zum Anfang des Ilsetals beschrieben habe, bei weitem keinen so erfreulichen Anblick wie der romantisch malerische Unterharz gewährt und in seiner wildschroffen, tannendüstern Schönheit gar sehr mit demselben kontrastiert; so wie ebenfalls die drei von der Ilse, von der Bode und von der Selke gebildeten Täler des Unterharzes gar anmutig untereinander kontrastieren, wenn man den Charakter jedes Tales zu personifizieren weiß. Es sind drei Frauengestalten, wovon man nicht so leicht zu unterscheiden vermag, welche die schönste sei.

Von der lieben, süßen Ilse, und wie süß und lieblich sie mich empfangen, habe ich schon gesagt und gesungen. Die düstere Schöne, die Bode, empfing mich nicht so gnädig, und als ich sie im schmiededunkeln Rübeland zuerst erblickte, schien sie gar mürrisch und verhüllte sich in einen silbergrauen Regenschleier. Aber mit rascher Liebe warf sie ihn ab, als ich auf die Höhe der Roßtrappe gelangte, ihr Antlitz leuchtete mir entgegen in sonnigster Pracht, aus allen

gez. v. L. Richter

Blankenburg vom Heidelberg aus

gest. v. S. Lacey

gez. v. L. Richter

gest. v. S. J. Davis

Die Teufelsmauer

Zügen hauchte eine kolossale Zärtlichkeit, und aus der bezwungenen Felsenbrust drang es hervor wie Sehnsuchtsseufzer und schmelzende Laute der Wehmut. Minder zärtlich, aber fröhlicher zeigte sich mir die schöne Selke, die schöne, liebenswürdige Dame, deren edle Einfalt und heitere Ruhe alle sentimentale Familiarität entfernt hält, die aber doch durch ein halbverstecktes Lächeln ihren neckenden Sinn verrät; und diesem möchte ich es wohl zuschreiben, daß mich im Selketal gar mancherlei kleines Ungemach heimsuchte, daß ich, indem ich über das Wasser springen wollte, just in die Mitte hineinplumpste, daß nachher, als ich das nasse Fußzeug mit Pantoffeln vertauscht hatte, einer derselben mir abhanden, oder vielmehr abfüßen kam, daß mir ein Windstoß die Mütze entführte, daß mir Walddornen die Beine zerfetzten, und leider so weiter. Doch all dieses Ungemach verzeihe ich gern der schönen Dame, denn sie ist schön. Und jetzt steht sie vor meiner Einbildung mit all ihrem stillen Liebreiz und scheint zu sagen: Wenn ich auch lache, so meine ich es doch gut mit Ihnen, und ich bitte Sie, besingen Sie mich! Die herrliche Bode tritt ebenfalls hervor in meiner Erinnerung, und ihr dunkles Auge spricht: „Du gleichst mir im Stolz und im Schmerze, und ich will, daß du mich liebst." Auch die schöne Ilse kommt herangesprungen, zierlich und bezaubernd in Miene, Gestalt und Bewegung; sie gleicht ganz dem holden Wesen, das meine Träume beseligt, und ganz, wie Sie, schaut sie mich an, mit unwiderstehlicher Gleichgültigkeit und doch zugleich so innig, so ewig, so durchsichtig wahr. – Nun ich bin Paris, die drei Göttinnen stehen vor mir, und den Apfel gebe ich der schönen Ilse.

Es ist heute der erste Mai; wie ein Meer des Lebens ergießt sich der Frühling über die Erde, der weiße Blütenschaum bleibt an den Bäumen hängen, ein weiter, warmer Nebelglanz verbreitet sich überall; in der Stadt blitzen freudig die Fensterscheiben der Häuser, an den Dächern bauen die Spatzen wieder ihre Nestchen, auf der Straße wandeln die Leute und wundern sich, daß die Luft so angreifend und ihnen selbst so wunderlich zumute ist; die bunten Vierländerinnen bringen Veilchensträußer; die Waisenkinder mit ihren blauen Jäckchen und ihren lieben, unehelichen Gesichtchen ziehen über den Jungfernstieg und freuen sich, als sollten sie heute einen Vater wiederfinden; der Bettler an der Brücke schaut so vergnügt, als hätte er das Große Los gewonnen; sogar den schwarzen, noch ungehenkten Makler, der dort mit seinem spitzbübischen Manufakturwarengesicht einherläuft, bescheint die Sonne mit ihren tolerantesten Strahlen – ich will hinauswandern vor das Tor.

Es ist der erste Mai, und ich denke deiner, du schöne Ilse – oder soll ich dich „Agnes" nennen, weil mir dieser Name am besten gefällt? – ich denke deiner, und ich möchte wieder zusehen, wie du leuchtend den Berg hinabläufst. Am liebsten aber möchte ich unten im Tale stehen und dich auffangen in meine Arme. – Es ist ein schöner Tag! Überall sehe ich die grüne Farbe, die Farbe der Hoffnung. Überall, wie holde Wunder, blühen hervor die Blumen, und auch mein Herz will wieder blühen. Dieses Herz ist auch eine Blume, eine gar wunderliche. Es ist kein bescheidenes Veilchen, keine lachende Rose, keine reine Lilie oder sonstiges Blümchen, das mit artiger Lieblichkeit den Mädchensinn erfreut und sich hübsch vor den hübschen Busen stecken läßt und heute welkt und morgen wieder blüht. Dieses Herz gleicht mehr jener schweren, abenteuerlichen Blume aus den Wäldern Brasiliens, die der Sage nach alle hundert Jahre nur einmal blüht. Ich erinnere mich, daß ich als Knabe eine solche Blume gesehen. Wir hörten in der Nacht einen Schuß wie von einer Pistole, und am folgenden Morgen erzählten mir die Nachbarskinder, daß es ihre „Aloe" gewesen, die mit solchem Knalle plötzlich aufgeblüht sei. Sie führten mich in ihren Garten, und da sah ich zu meiner Verwunderung, daß das niedrige, harte Gewächs mit den närrisch breiten, scharfgezackten Blättern, woran man sich leicht verletzen konnte, jetzt ganz in die Höhe geschossen war und oben, wie eine goldene Krone, die herrlichste Blüte trug. Wir Kinder konnten nicht mal so hoch hinaufsehen, und der alte, schmunzelnde Christian, der uns liebhatte, baute eine hölzerne Treppe um die Blume herum, und da kletterten wir hinauf wie die Katzen und schauten neugierig in den offenen Blumenkelch, woraus die gelben Strahlenfäden und wildfremden Düfte mit unerhörter Pracht hervordrangen.

Ja, Agnes, oft und leicht kommt dieses Herz nicht zum Blühen; soviel ich mich erinnere, hat es nur ein einziges Mal geblüht, und das mag schon lange her sein, gewiß schon hundert Jahr. Ich glaube, so herrlich auch damals seine Blüte sich entfaltete, so mußte sie doch aus Mangel an Sonnenschein und Wärme elendiglich verkümmern, wenn sie nicht gar von einem dunkeln Wintersturme gewaltsam zerstört worden. Jetzt aber regt und drängt es sich wieder in meiner Brust, und hörst du plötzlich den Schuß – Mädchen, erschrick nicht!

Ich hab' mich nicht totgeschossen, sondern meine Liebe sprengt ihre Knospe und schießt empor in strahlenden Liedern, in ewigen Dithyramben, in freudigster Sangesfülle.

Ist dir aber diese hohe Liebe zu hoch, Mädchen, so mach es dir bequem und besteige die hölzerne Treppe und schaue von dieser hinab in mein blühendes Herz.

Es ist noch früh am Tage, die Sonne hat kaum die Hälfte ihres Weges zurückgelegt, und mein Herz duftet schon so stark, daß es mir betäubend zu Kopfe steigt und ich nicht mehr weiß, wo die Ironie aufhört und der Himmel anfängt, daß ich die Luft mit meinen Seufzern bevölkere, und daß ich selbst wieder zerrinnen möchte in süße Atome, in die unerschaffene Gottheit; – wie soll das erst gehen, wenn es Nacht wird und die Sterne am Himmel erscheinen, „die unglücksel'gen Sterne, die dir sagen können – "

Es ist der erste Mai, der lumpigste Ladenschwengel hat heute das Recht, sentimental zu werden, und dem Dichter wolltest du es verwehren?

HANS CHRISTIAN ANDERSEN

REISESCHATTEN

1831

Nach und nach traten die Berge aus ihren Nebelgestalten hervor als starke, stolze, mit dunkeln Fichtenwäldern bewachsene Massen, Kornfelder schlängelten sich malerisch zwischen ihnen durch, und Goslar, die alte kaiserliche freie Reichsstadt, lag vor uns. Hier war einmal der Sitz deutscher Könige und Kaiser, hier wurden Reichsversammlungen gehalten und die Schicksale von Reichen und Ländern abgemacht – jetzt, ja jetzt ist es bekannt durch sein Bergwerk und aus Heines Reisebildern; hier spielte der Dichter Blumendieb und Herzensdieb – eine Geschichte, welche die ehrbaren Bürger von Goslar gar nicht mehr wissen wollten, die jedes Mal ein sehr saures Gesicht machten, wenn ich den Namen Heine nannte. Ich will deswegen etwas vorsichtig sein.

Hier trennte ich mich von meinem alten hannoverschen Schulmeister, in der Hoffnung, auf dem Brocken wieder mit ihm zusammenzutreffen.

Die Luft kam mir sonderbar drückend vor, ich konnte ordentlich den Bergwerksduft riechen, der einige Ähnlichkeit mit dem hat, womit, wie man erzählt, der Teufel parfümiert, wenn er einen Ort verläßt. Da ich jedoch den Teufel nenne, muß ich sogleich erzählen, ehe ich es vergesse, daß eine von Goslars größten Merkwürdigkeiten ein Geschenk dieses berühmten Mannes ist. Es steht nämlich mitten auf dem Markt ein großes Metallbecken, das vermittelst mehrerer Röhren beständig mit Wasser gefüllt wird und dessen sich die Einwohner, wenn Feuer ausbricht, als Sturmglocke bedienen, indem sie so darauf schlagen, daß es in der ganzen Stadt gehört wird. Dieses

Becken, so erzählt die Sage, hat der Teufel einmal bei Nachtzeit hierher gebracht.

Dicht dabei steht das Rathaus, finster und altertümlich sind alle die mächtigen Kaiser vor demselben aufgestellt. Sie stehen im ersten Stock mit der Krone auf dem Haupt und dem Zepter in der Hand, alle sehr grell illuminiert, wie Nürnberger Bilder. Ich bemerkte einen alten Bergmann, der seiner kleinen Enkelin diese bunten Helden zeigte, nach denen sie sich nun alle Könige und Kaiser der Erde wie solche ernste steinerne Männer mit Schwert und Krone dachte; und das kleine Vernunftwesen sah es schon ein, daß es eben kein Blumenleben ist, ein König zu sein und so mit der schweren Krone Tag und Nacht vor dem Rathaus zu stehen und über Gesetz und Recht zu wachen.

Als ich durch die Straßen ging, sah ich an mehreren Häusern die Madonna mit dem Kinde, aber an vielen Stellen war sie mit Kalk übertüncht. Es lag etwas Wehmütiges darin, diese halbverfallenen Steinbilder zu sehen, die mich an Mumien aus einer geschwundenen Zeit gemahnten; auch sie hatten einmal gelebt und geherrscht, obgleich aus dem toten Stein entsprungen. Es war mir auch so, als ob sie flüsterten: „Es ist jetzt nicht so wie früher, als der Kaiser und das Volk sich vor uns verneigten! Aber Goslar ist auch nicht mehr so wie früher; die Krone ist hier von meinem und des Kaisers Haupt herabgefallen!"

Eine längere Dauer haben doch diese toten Massen, dachte ich, als die Stadt hinter mir lag und ich zum ersten Male an einem Berge stand. Es war der Rammelsberg, bekannt durch sein Bergwerk, in welchem sich mehr gezimmertes Bauholz befinden soll als in allen Häusern Goslars. Die ganze Seite, die dem Wege zugekehrt ist, bestand meistens aus Schiefersteinen, wodurch der Berg in meinen Augen das Ansehen eines ungeheuren Gebäudes bekam, das abgebrannt und zusammengestürzt zu sein schien. Die Luft selbst hatte etwas Schwefliges und Brandiges, und das Wasser, das durch Abzugsröhren aus dem Berge kam, wo man es benutzt hatte, sah ganz ockergelb aus.

Der norwegische Bauer nennt den dicken, blauweißen Nebel, der oft zwischen den Bergwänden eingeschlossen steht, „Wollflocken", und ich wüßte keinen Namen, der charakteristischer wäre; es sah wirklich aus, als ob eine ungeheure Menge von der feinsten gekrempelten Wolle in den tiefen Hohlweg hineingeweht wäre und dort über den schwarzen Fichten lagere.

Dort, wo man ins Bergwerk hinabsteigt, schob eine Anzahl junger Arbeiter die rohen Erzmassen in Schiebkarren in eine dazu gegrabene Vertiefung hinein; wir bekamen einen Führer, er zündete sein Grubenlicht an, öffnete nun eine große Tür, und – es ward mir ganz wunderbar ums Herz – wir traten hinein. Eine kurze Strecke noch war der Gang ausgemauert, aber bald wölbten sich nur die eckigen Felsstücke rund umher; wir stiegen immer tiefer und tiefer. Bergleute mit ihren Grubenlichtern begegneten uns; „Glück auf!" war der gegenseitige Gruß, während ringsum alles still wie im Grabe war. Aus dem Stein schimmerte das Erz bald grün, bald kupferrot heraus. Ein Kaufmann von Goslar begleitete mich, ich hielt mich an ihm an, obgleich es nur ein schmales Brett war, auf dem wir vorwärts schritten. Wir mußten uns bald ganz tief bücken wegen der herabhängenden Felsblöcke; ein Gang durchkreuzte den andern, und der Führer verschwand mehrere Male vor unsern Augen. Plötzlich brauste es über unsern Köpfen, es war, als ob der ganze Berg zusammenstürze. Ich sagte kein Wort, schmiegte mich aber fest an meinen Begleiter an, der mir nun erklärte, daß dies eine Schleuse sei, die man oben öffnete und die ein Rad in Bewegung setzte, durch das die Erzstücke aus den untersten Gruben heraufgefördert würden.

Uns zur Seite öffnete sich ein Abgrund. Wir konnten beim Schein des Grubenlichts nicht das ganze große Rad sehen, über welches das Wasser herabbrauste. Ich weiß nicht, ob dieses oder die großen Grotten, wo das Erz durch Feuer losgearbeitet ward, mir am meisten malerisch vorkam. Die roten Flammen schlugen hoch in die Höhe und beleuchteten die schwarzen Bergleute ringsum; ich lehnte mich an die Felswand und begann mich an die fremde Welt zu gewöhnen, die eben in ihrer ganzen Furchtbarkeit schön war.

Es ist doch ein wunderbarer Gegensatz zwischen dem abwechselnden Leben des Seemanns und dem einförmigen des Bergmanns. Mit geschwellten Segeln fliegt jener von Küste zu Küste über das herrliche Meer; lustig wimmelt es in den fremden Häfen von geschäftigen Menschen. Bald bläst ein Sturm, daß die Masten brechen und das Schiff von den starken Wogen wie ein Spielzeug umhergeworfen wird, bald ist es wieder totenstill, und er ruht sich aus hoch oben im Mastkorb und schaut hinaus in den unbegrenzten Raum zwischen

Meer und Himmel. Für den Bergmann hingegen gleitet ein Tag wie der andere dahin. Tief unten in dem schwarzen Schacht sitzt er bei seinem Grubenlicht und hämmert das Erz aus dem Berge heraus; still und finster wie hier in seiner Heimat wird es auch in seinem Innern. Nur der Sonntag bringt einige Veränderung; da zieht er ein besseres Kleid an, geht in die Kirche und sieht die Sonne mild in diese und in sein Herz scheinen. Zuweilen kommt er auch nachmittags nach Goslar hinein, hört die Zeitungsneuigkeiten und denkt darüber nach, wie wunderlich die Menschen dort draußen in der Welt umherstürmen; er will vielleicht auch, wenn er noch jung ist, dort hinausfliegen und sich zwischen den andern umhertummeln –, aber am Montag sitzt er doch wieder tief unten im Schacht bei seinem Grubenlicht und gebraucht den Hammer – und so geht es fort, bis eine fremde Hand den letzten Hammerschlag auf seinen Sarg tut.

Als wir wieder aus dem Berge herausstiegen, schien die Sonne so schön über die jungen Fichten, auf denen Regentropfen lagen wie Perlen auf den hellgrünen Knospen. Es war mir, als hätte ich nie etwas Freundlicheres gesehen als diese von der Sonne beschienenen Bergwände und den klaren Himmel, so groß war der Übergang von der schwarzen Grube zu der sonnenhellen Natur.

Ein kleiner Fußpfad führte uns außen um Goslar herum. Unten in den Wallgräben wuchs hohes Gras, und die dicke Stadtmauer war beinahe ganz hinter Büschen und Hecken versteckt. Wir bestiegen nun den „Zwinger", einen großen runden Turm aus der Zeit der Kaiser. Die Mauern sind 22 Fuß dick. In dem ersten Stock hatte man dieselben in späterer Zeit sprengen lassen und so in der Mauer selbst Wohnungen angebracht. Ganz oben war ein kleiner Saal, wo die Bürger von Goslar ihre Bälle und Lustbarkeiten zu halten pflegten. Eine große Spinne hatte ihr Gewebe dicht an der Tür ausgespannt und sah mich und eine winzige Fliege an, die mir um die Nase herumschwirrte, als ich eintrat.

Die Spinne

In diesem Saale, Flieglein schön,
Sahst du beim Scheine der Lampetten
In schottischem Tanz und in Menuetten
Die Reihen der Tänzer froh sich drehn.

Groß und klein und dick und dünn
Schwang sich herum nach lustiger Weise,
Du auch flogst mit herum im Kreise,
Warst die Schönste von allen drin.

Am Balken saß ich still und fest,
Fühlte vor Glut vergehn das Herze;
Jetzt ist's vorbei mit Lust und Scherze.
Keine Geige sich hören läßt.

Flieglein, du tanzest ja so nett!
Einen Tanzsaal hab' ich gewebet,
Sieh doch, wie der so luftig schwebet,
Komm und betritt sein Parkett!

Und von Freude und Lustbarkeit
Soll dieser Saal noch einmal ertönen,
Komm, du Flieglein, Schönste der Schönen,
Komm, wir tanzen zusammen heut!

Die Hauptkirche in Goslar ist abgebrochen, es steht nur noch eine Kapelle, und in dieser verwahrt man die Überreste von den frühern Herrlichkeiten dieser Kirche. Eine alte Frau führte uns umher und erklärte diese Schätze. Dicht innerhalb der Tür war der heilige Christoph in kolossaler Größe abgemalt, wie er im Wasser steht mit dem Christkinde auf seinen Schultern. „Das waren Leute damals!" sagte die alte Frau, indem sie glaubte, daß der „große Christoph" wirklich so lang und breit gewesen wäre, wie er hier zu schauen war.

In einem offenen Sarge lag eine weibliche Figur aus Sandstein geformt; es sollte die schöne Mathilde sein, eine Tochter Kaiser Heinrichs III. Sie war so schön, daß ihr eigener Vater sich in sie verliebte, weswegen sie Gott bat, daß er sie einmal recht häßlich machen möchte; da fand sich der Teufel bei ihr ein und versprach ihr, daß er des Vaters Liebe in Haß verwandeln wollte, wenn sie ihm auf immer anzugehören verspräche. Sie ging auf diesen Vertrag ein, doch unter der Bedingung, daß, wenn er sie die drei ersten Male, wo er zu ihr komme, nicht schlafend fände, sie seiner quitt sein sollte.

Um sich wach zu erhalten, nahm sie Seide und Nadel und stickte nun ein kostbares Gewand, während ihr kleiner Hund Quedl neben ihr saß. Jedesmal, wenn sie in Schlaf fiel und der Teufel sich ihr näherte, fing das treue Tier an zu bellen, und sie war sogleich wieder wach und munter bei ihrer Arbeit. Als der Teufel sich auf diese Weise hintergangen sah und nun sein Versprechen erfüllen mußte, fuhr er mit seiner häßlichen Klaue über ihr Gesicht, so daß die schön gewölbte Stirn eingedrückt und die königliche Nase breit und flach ward; den kleinen Mund schlitzte er bis an beide Ohren auf, und die hübschen Augen hauchte er an, so daß sie ganz matt und glanzlos wurden. Nun bekam Kaiser Heinrich einen Abscheu vor ihr, und sie baute sich ein Kloster, das sie nach dem treuen Quedl Quedlinburg nannte und in dem sie selbst die erste Äbtissin war.

Die alte Frau, die uns das steinerne Bild zeigte, wußte übrigens nicht recht, ob es Mathilden in den Tagen ihrer Schönheit vorstellte oder in der spätern Zeit, als der Teufel sie so zugerichtet hatte; ich war für diese letztere Annahme.

Der Kirchenstuhl Kaiser Heinrichs III. hat hier auch seinen Platz; ich setzte mich auf denselben und betrachtete nun sein und zweier anderer Kaiser Bilder auf den Scheiben des großen Kirchenfensters. Sie blickten mich so recht belebt an, indem das Licht durch die bunte Malerei spielte.

An der Mauer stand eine alte Inschrift, die niemand von uns richtig zu entziffern imstande war. „Ja, wenn mein Bruder, der Doktor, hier wäre", sagte mein Begleiter, „der würde uns schon alles erklären, was da geschrieben steht. Er ist ein gelehrter Mann, sehr gelehrt, ja", sagte er zu mir, „er ist ebenso gelehrt wie Sie!"

„Der Arme!" dachte ich; aber ich sagte es nicht.

Am Abend ging ich noch einmal ungefähr denselben Weg um die Stadt, aber ich war allein; es war Mondschein, auf den Straßen war alles still, und die Häuser warfen große, schwarze Schatten. Das Wasser plätscherte einförmig in dem großen kupfernen Becken, und die alten Kaiser standen so ernsthaft da mit der Hand am Schwert und blickten vor sich hin. Da kam es mir vor, als stehe ich in einer der bezauberten Städte, von denen ich als Kind in so manchem Märchen hatte erzählen hören; der Nebel von den Bergen, der rund um die Stadt lag, schien mir der magische Kreis zu sein, der außen herum gezogen war, und wenn dieser gesprengt würde, müsse alles wieder zu seinem früheren Leben erwachen. Da würde wieder Leben und Lärm auf den Straßen werden, und die alten Kaiser würden aus den

Mauernischen zu dem versammelten Volke heruntersteigen, das vor der in einer Glorie von brennenden Lampen sitzenden Madonna niederkniete. Das steinerne Bild, welches die Prinzessin Mathilde vorstellen sollte, würde sich aus dem engen Sarge erheben und wieder Fleisch und Blut bekommen, und der treue Quedl würde wieder lustig bellen, so daß niemand in Schlaf fiele, wenn die bösen Mächte nahten.

Es war, als ob das einförmige Plätschern des Wassers das starke Zauberwort murmelte, welches das Ganze aus seiner magischen Versteinerung lösen konnte, und ich verstand die mächtigen Ton-Hieroglyphen: „Wenn du geschlafen hast, wird dieses erwachen!" Und das war die Wahrheit! Denn als ich am nächsten Morgen auf die Straße hinaustrat, beschien die Sonne freundlich die Häuser, die gar nicht mehr so gespensterhaft aussahen, und aus dem gegenüberliegenden Fenster schaute ein lächelndes Mädchengesicht, das besser als tausend gedruckte Proklamationen verkündete, es liege keine magische Versteinerung über dem alten Goslar.

Im Berliner Opernhause gibt man ein Ballett, „Die neue Amazone", in welchem unter anderem auch ein segelndes Schiff vorkommt. Das Schiff liegt still und schaukelt hin und her, aber der Hintergrund gleitet beständig über die Bühne hin und stellt auf diese Weise dar, wie sich die Gegend verändert, je nachdem man weitersegelt. Wenn man dies einige Augenblicke betrachtet hat, bringt es eine überraschende Täuschung hervor, man glaubt selbst mitzusegeln. Wenn sich dasselbe Experiment hier machen ließe, würdest du, mein Leser, auch zu sehen bekommen, wie die herrlichen Gegenden wechselten, je nachdem ich weiterkam.

Goslar lag hinter uns zwischen den Bergen, der Weg führte an einer Mühle vorbei, wo sich der lustige Knappe in der Tür mit der Magd um einen Kuß balgte. Nahe daran erhob sich ein steiler Berg, auf dem die gelbe Ockererde hervorschien, mit den Ruinen eines alten Wachtturmes. Nun ward die Aussicht großartiger; das Okertal mit seinen Schmelzhütten lag um uns herum. Die schwarzen Rauchsäulen wirbelten in die Höhe und bildeten einen wunderbaren Kontrast gegen die blauweißen Nebel auf den Bergen. Im Innern der Hütten brannte das starke, rote Feuer, und das geschmolzene Metall lief wie Lava, mit grünen und weißen Flammen, in einer Rinne über den Boden hin.

Der schmale Pfad führte uns über Felder und Wiesen in einen grünen Laubwald hinein, der bald wieder den alten, schwarzen Fichten

Platz machte. Überall sprudelten Quellen hervor, so daß die Erde an mehreren Stellen in einen Morast verwandelt war und ein Führer einmal bis über die Knie hineinsank. Wir begegneten einigen wandernden Studenten in weißen Staubmänteln und mit Blumen auf ihren Mützen; eine andere Gesellschaft hatte drei bis vier große Hunde bei sich. Der Wald hallte von Pfeifen und Rufen wider; sonst aber hörte und sah ich keine andern Vögel in dieser großen, ruhigen Natur.

Wir holten einen Postboten ein, der nach Blankenburg ging; er erzählte uns, daß es auf diesem Wege bis vor zwei Jahren sehr viele „Spitzbuben" gegeben habe und daß es auch jetzt noch des Nachts hier nicht ganz sicher sei; und es war wunderlich, daß, indem er dieses erzählte, der Wald mir auf einmal weit dichter, weit finsterer und also auch weit unheimlicher vorkam.

Es war ein Gewitter im Anzuge, und die erste Salve rollte zwischen den Bergen hin, als ich den Flecken Ilsenburg betrat.

Das gräfliche Schloß liegt sehr hübsch, sieht aber etwas verfallen aus. Nesseln wachsen überall aus den Mauern heraus, von denen mancher rote Steinbrocken in den Fluß herabgefallen war.

Der Brocken war ganz in die große Gewitterwolke eingehüllt, die ihre Blitze zwischen die Fichten hinabschleuderte; dennoch beschloß ich, nachdem ich einige Stunden ausgeruht, den Berg zu besteigen.

Es meldete sich ein neuer Führer; das Gewitter war vorüber.

Mit wilder Fahrt lief die Ilse neben uns her; hohe, mit Fichten bewachsene Berge erhoben sich zu beiden Seiten. Die nackte Klippe, der Ilsenstein, auf deren höchster Spitze ein großes eisernes Kreuz errichtet ist, stieg senkrecht in die Höhe. Alles deutet darauf hin, daß diese Felsen bei einer großen Erdrevolution auseinandergespalten worden sind und dadurch ein Bett für die Ilse gebildet haben. In diesem Ilsenstein lebt, so erzählt die Sage, die Prinzessin Ilsa, die bei den ersten Strahlen der Morgensonne herauskommt und sich in dem klaren Flusse badet; glücklich ist der, der sie hier findet, aber nur wenige haben sie gesehen, denn sie fürchtet den Blick der Menschen, obgleich sie gut und freundlich ist.

Als die Sündflut die Menschen von der Erde vertilgte, stiegen auch die Gewässer der Nordsee weit, weit nach Deutschland hinein, und die schöne Ilsa flüchtete sich mit ihrem Geliebten aus den nördlichen Ländern hierher nach dem Harz, wo der Brocken ihnen einen Zufluchtsort darzubieten schien. Endlich standen sie auf diesem ungeheuren Felsen, der über dem anschwellenden Meer hervorragte; die umherliegenden Länder waren von den Wogen bedeckt; Hütten, Menschen und Tiere waren verschwunden. Sie standen ganz allein, Arm in Arm, und sahen hinab auf die Wellen, die sich an dem Felsen brachen. Aber das Wasser stieg noch höher; vergebens suchten sie nach einem hervorragenden Felsen, über den sie nach dem Brocken hinaufgelangen könnten, der wie eine Insel in dem flutenden Meere dalag. Da bebte der Felsen unter ihnen, eine ungeheure Spalte öffnete sich und drohte, sie fortzureißen; noch hielten sie einander an den Händen fest, die Seitenwände schwankten hin und her, sie stürzten beide in die brausende Flut. Von ihr bekam der Fluß den Namen Ilse, und in dem Felsen wohnt sie noch mit ihrem Geliebten.

Wir kamen tiefer in den Wald hinein, der Weg begann sich nach dem Brocken hinanzuschlängeln, die sinkende Sonne konnte nicht durch das dichte Nadelholz dringen. Rund umher lagen Kohlenmeiler, die alles in einen bläulichen Rauch hüllten, das Ganze bekam ein ruhiges, wunderbar romantisches Gepräge; es war ein Gemälde, das die Seele wehmütig stimmte.

Der Köhlerbube

Aus der Fichten dichter Mitte
Feuerroter Schimmer dringt,
Vor dem Meiler in der Hütte
Steht der Köhlerbub' und singt
Bei des Feuers hellem Licht,
Rot und schwarz im Angesicht;
Und je mehr den Brand er schürt,
Stets die Glut noch größer wird.
Jener singt es wieder leise,
Jenes alte Lied so schön:
„Jahr für Jahr auf selbe Weise
Immergrün die Fichten stehn,
So wie meine treue Lieb'
Grün, doch dunkelgrün stets blieb!"
Doch kein Trost sich zu ihm kehrt –
Stets die Glut sich nur vermehrt.

Der Weg ging immer mehr bergan; überall lagen ungeheure Felsblöcke umher. Die Ilse stürzte sich über die großen Felsenmassen und
bildete einen Wasserfall nach dem andern; bald war das Flußbett
zwischen zwei Felsen eingeklemmt, wo dann der schwarze Strom den
schneeweißen Schaum überkochte, bald brauste er breit und herrlich
zwischen umgestürzten Fichten hin und riß die starken grünen Äste
mit sich fort.

Je höher wir kamen, desto unbedeutender ward das Flußbett, der
Fluß verlor sich in verschiedene Quellbäche, und zuletzt sah man
nur noch die großen Wassertropfen, die aus dem Moos heraus-
sickerten.

Hier bekam ich einen Begriff von einem nordischen Hünengrab so
recht im Großen. Der Brocken ist ein solches. Stein liegt auf Stein
gehäuft, und über dem Ganzen ruht eine wunderbare Stille. Kein
Vogel zwitschert in dem niedrigen Fichtengestrüpp; rund umher
wachsen weiße Grabesblumen in dem hohen Moose, und überall
liegen Steine massenweise zerstreut.

Nun waren wir oben, aber alles war von Nebel umhüllt. Wir
standen in einer Wolke.

Aus dem Wirtshaus brauste uns ein Musikchor entgegen; es waren
darin, glaube ich, mehr als vierzig Reisende.

Viereinhalbtausend Fuß über der Meeresfläche, mitten in einer
Wolke, aber hinter einer fünf Fuß dicken Mauer, saß ich hier in der
kleinen Stube und wärmte mich an dem glühenden Ofen.

Die Kühe wurden nach Hause getrieben, sie hatten Glocken um-
hängen, und das klang sehr hübsch; aber draußen war noch alles
Nebel; der Wind fing an zu wehen und jagte die Wolken, als ob's
eine Schafherde wäre, über die Bergspitze hin.

Es klopfte an meine Tür, und herein trat – der gute Schulmeister,
mit dem ich von Braunschweig aus zusammen gereist war; wir sollten
uns also doch auf dem Blocksberge treffen. Er war mit dem alten
Freunde, den er in Goslar besucht, bereits zwei Stunden früher als
ich hier angekommen und hatte schon mit mehreren der Reisenden
Bekanntschaft gemacht, die, wie er sagte, alle sehr nette und höfliche
Menschen waren. Er war äußerst glücklich und zeigte mir, wie viele
Verse er schon aus dem Brockenbuch abgeschrieben hatte, die er den
Seinigen mitbringen wollte.

Wie bekannt, findet man hier und an jeder denkwürdigen Stelle in

Deutschland, die von Fremden besucht wird, ein Buch, in das diese ihre Namen einschreiben; oft findet man darin auch allerlei gute und schlechte Verse, und eine Auswahl von diesen war es, die er sich schon abgeschrieben hatte.

Ich fand in dem Buch die Namen mehrerer Bekannten. Auch Zeichnungen befanden sich in demselben, das Genie hatte sich auf mancherlei Weise kundgegeben; wie viele haben hier nicht an Unsterblichkeit gedacht, als sie ihren Namen einschrieben; nun, lieber Gott, wenn die alle unsterblich werden, da werde ich es auch mit!

Der Schulmeister stellte mich seinem Freunde vor; aber der gefiel mir gar nicht, er sah mir so still und nichtssagend aus, während er sich doch Mühe gab, Ausdruck in sein Gesicht zu bringen; es war ein Mensch, von dem man, wenn er Arzt gewesen wäre und mit dieser seiner gewöhnlichen Miene seinen Patienten nach dem Pulse gegriffen, sich niedergesetzt und stillgeschwiegen hätte, gesagt haben würde: „Er denkt!", obgleich ich glauben möchte, daß er gerade eine Pause im Denken machte.

Wir wurden inzwischen herausgerufen, wo sich die ganze Gesellschaft versammelt hatte. Die Musikanten hatten oben auf dem Turme Platz genommen und alle die andern Reisenden sich mit Besenstielen, Ofengabeln und Feuerschaufeln versehen; sie luden uns zu einem Hexentanz in der dämmernden Abendbeleuchtung ein. Einer nahm den andern bei der Hand; klein und groß, dick und dünn überließ sich der fröhlichsten Ausgelassenheit, und das lustige Intermezzo nahm seinen Anfang.

Die Instrumente auf dem Turme

Wir sind froh und ihr seid froh,
Wir blasen, ihr müßt brummen,
Da gibt's was aus Fra Diavolo,
Aus Zampa und der Stummen.

Chor

Dolorem furca pellas ex,
So sing' ich bei dem Balle:
Ich bin 'ne Hex, du bist 'ne Hex,
und Hexen sind wir alle!

Felsblock

Tanzt nur! Ich kann, als stummer Stein,
Die Lust nicht von mir geben,
Doch werdet ihr längst alle sein,
Wenn ich noch stets am Leben.

Elfen

Wir tun hier in der Blumen Schoß
uns köstlich amüsieren!
O Gott, wie sind die Leute groß,
Wie plump sie sich gerieren!

Verliebter

Hier steh' ich über'm Wolkenthron,
Bekenn' jedoch von Herzen:
Dem Himmel stand ich näher schon,
Wenn ich mit ihr konnt' scherzen!

Chor

Dem Schicksal setz' ich U für X,
Ich will es schon correxen;
Ich bin 'ne Hex, du bist 'ne Hex,
Und wir sind alle Hexen.

So lärmte man lustig fort; erst gegen Mitternacht ward es im Hause ruhig.

Der Mond drang allmählich durch den Nebel und warf seine Strahlen in die lange, schmale Kammer; ich konnte nicht schlafen und stieg deswegen den Turm hinauf, um die Aussicht zu genießen. Wer einmal im Traum über die Erde hin geflogen ist und Länder und Städte und Wälder tief unter sich gesehen hat, der kann sich eine entfernte Idee von dieser unbegreiflichen Herrlichkeit machen. Pechschwarz lagen die mit Fichten bewachsenen Berge unter mir, weiße Wolken, vom Mond beschienen, fuhren wie Geister an den Bergen vorüber! Da gab es keine Grenzen; das Auge verlor sich in einer Unendlichkeit; Städte mit ihren Türmen, Kohlenbrennerhütten mit ihren Rauchsäulen ragten aus dem durchsichtigen Nebelschleier hervor, den der Mond beleuchtete. Es war eine Traumwelt der Phantasie, die hier lebendig vor mir lag. Tief unten in den schwarzen Wäldern hatte zur Zeit des Faustrechts mancher Ritter mit seinen Leuten dem Kaufmann aufgelauert, der seine kostbaren Waren von Stadt zu Stadt brachte; da drüben, wo auf dem steilen Felsen jetzt keine Spur mehr davon zu sehen war, erhob sich eine Burg, hoch und stark, mit Mauern und Türmen, in der es in den langen Winterabenden von lustigen Gelagen widerhallte. Die Nebel stiegen höher und höher zwischen den schwarzen Bergen; die Wolken formten sich in wunderbare Gestalten. Dort, dachte ich, dort in diesem weiten Umkreise wächst die Zauberblume, die „Glücksblume" der Harzbewohner, die manches kindliche Herz noch in frommer Einfalt sucht. Nur einer hatte sie gefunden, aber er kannte sie nicht, bis er sie wieder verloren hatte; ich suchte sie nicht hier, ich wußte, daß sie in meinem Herzen wuchs, die Engel hatten das Samenkorn hineingelegt, als ich noch in der Wiege schlummerte; sie blühte empor, sie verbreitete ihren magischen Duft – die Phantasie, diese herrliche Blume des Lebens, entfaltete sich immer mehr in meinem Herzen, und ich hörte und sah eine größere Natur um mich her.

Es war ungefähr halb drei Uhr, als eine Magd mich rief, um die Sonne aufgehen zu sehen; die meisten waren schon draußen, in Mäntel und Überzieher eingehüllt. Mit Tüchern um den Kopf gebunden stand die wunderlich bunte Menschengruppe aus höchst verschiedenen Ständen, aber alle mit einem Gedanken da: „Jetzt geht die Sonne auf!"

Es war, als ob wir auf einer Insel ständen, denn die Wolken lagen tief unter uns, so weit wir sehen konnten, wie ein ungeheures, angeschwelltes Meer, das mit einem Mal außer aller Bewegung gesetzt war. Kein Morgenrot zeigte sich an dem blauen Himmel über uns; die Sonne ging auf ohne Strahlen, wie eine große blutige Kugel; erst als sie über dem Horizonte war, strömte das klare Licht über das Wolkenmeer aus.

Unser alter Schulmeister stand mit gefalteten Händen da, sagte lange kein Wort, lächelte aber ganz zufrieden; endlich rief er aus: „Wenn ich doch Mütterchen und die Kinder hier hätte und die alte Anne (ihr Dienstmädchen), die würden sich bis in ihre innerste Seele gez. v. L. Richter   gest. v. J. Carter

Aussicht von der Roßtrappe in Denkessel

freuen! Du lieber Gott, hier wäre ja Platz genug für sie alle zusammen. Das fällt mir doch jedes Mal ein, wenn ich so etwas recht Schönes sehe; hier wäre nun so schön Platz für so viele gute Freunde; wenn die doch hier wären und es mit genießen könnten!"

Als die Sonne höher stieg, fingen die leichten Wolken immer mehr an wegzudampfen, der Äther sog sie gleichsam ein, während der Wind die schweren zwischen die Berge jagte, die jetzt wie Inseln aus dem großen Wolkenmeer hervorragten. Bald ward alles immer klarer und klarer, wir sahen Städte und Kirchtürme, Felder und Wiesen wie die niedlichsten Miniaturgemälde um uns herum. Einen so herrlichen Morgen hatte man in diesem Jahr noch nicht auf dem Brocken gehabt. Wir sahen deutlich Magdeburg mit seinen Türmen, Halberstadt und Quedlinburg, die Türme der großen Domkirche zu Erfurt, die Bergschlösser Gleichen und die Wilhelmshöhe bei Kassel, außer einer Menge kleiner Städte und Flecken.

Ich kletterte auf den sogenannten Hexenaltar und die zehn Fuß höhere Teufelskanzel hinauf, trank von dem eiskalten Wasser, das aus dem Hexenbrunnen quillt, bekam einen Brockenstrauß, den eine der Mägde mir an die Mütze heftete, sagte den neuen Bekannten von hier oben Lebewohl und namentlich dem guten alten Schulmeister, dem die Gesellschaft hier so gut gefallen hatte, daß er mich und alle bat, sich erst in sein Stammbuch einzuschreiben, damit er den Seinen zu Hause alle die fremden guten Menschen zeigen könne, mit denen er hier zusammen gelebt, und dann trennten wir uns.

Ich hatte mich einer Familie aus Hamburg angeschlossen.

Der Führer ging voran, Schritt für Schritt folgte ihm die Karawane, und der kleine Esel, der das Reisegepäck trug, schloß den Zug. Wir hatten jeder einen grünen Zweig in die Hand genommen, mit dem wir unsere langsamen Pferde antrieben, die es sich zuweilen allzu bequem machen zu wollen schienen. Der Weg zog sich bald durch dichte Waldungen, bald an Felsabhängen hin, wo wir dann tief unten die kleinen Berge mit ihren schwarzen Fichten erblickten; sie sahen aus wie kleine Hügel, auf denen man Kartoffeln gepflanzt hätte, die ihre niedrigen grünen Häupter emporrichteten. Der wunderbar leichte Schleier, der über dem Ganzen unter uns lag, nahm sich aus, als ob er ein grünes Glas sei, durch das wir die ganze Herrlichkeit erblickten. Zwischen einigen engen Felswänden war der Nebel zu einer Wolke zusammengepreßt, man konnte die Gegenstände unter demselben nicht sehen, und doch lag er so luftig und leicht da, daß das Auge fühlte, er müsse so fein wie die Luft selbst sein.

Die Vögel stimmten ihre Lieder an, der Tau lag in klaren Tropfen auf den Blumen, und die Sonne schien auf die große prächtige Landschaft rings umher. Die Welt ist doch schön! Welche unendliche Herrlichkeit von der kleinsten Blume mit ihrem Duft bis zu meinem Herzen mit seinen flammenden Gedanken und wieder von diesem bis zu dem großen Erdball mit den herrlichen Bergen und dem schwellenden Meer!

Bei Elbingerode, einer kleinen Bergstadt, sagte ich meiner Reisegesellschaft Lebewohl.

Bald erhoben sich die nackten Felswände an beiden Seiten, ein schmaler Fußpfad lief an dem engen Flußbett entlang, ich war in Rübeland, ein Name, den man von „Räuberland" herleitet, weil hier in alten Zeiten auf einem der Felsen eine Räuberburg lag, die aber jetzt bis auf die Wallgräben verschwunden ist.

Auf jener Seite des Dorfes führte ein kleiner Bergpfad nach der Vertiefung im Felsen, wo man in die Baumannshöhle hineingeht; hier fand ich zwei andere Reisende; jeder von uns bekam ein angezündetes Grubenlicht; der Führer ging voran, und wir stiegen hinab in die versteinerte Phantasiewelt.

Der Eingang war durch ein niedriges Loch, das aussah, als habe es der Fuchs gegraben; wir konnten nicht aufrecht gehen. Es war, als ob wir in die Ruine eines alten Burgkellers kämen, wo die Mauern halb eingestürzt waren. Die Wassertropfen fielen mit einförmigem Plätschern herunter, sonst war alles totenstill. Wir kletterten, jeder für sich, mit unserem Grubenlicht in der Hand die nassen Stufen hinunter; rund um uns her, über und unter uns war eine kohlschwarze Finsternis, das Licht zeigte uns nur die schmale Treppe, die kein Ende zu nehmen schien. Die wunderliche Ungewißheit, wie tief es unter uns sei, machte es noch weit gefährlicher, als es in der Wirklichkeit war. Wenn man sich nur festhielt, wenn man nur Achtung darauf gab, auf die rechte Stufe zu treten, erst mit dem einen Bein, dann mit dem andern, und wenn die Treppe nur nicht in Stücke ging, dann war gar keine Gefahr vorhanden. „Sonst könnten wir leicht den Hals brechen", versicherte uns der Führer.

Wie doch der Mensch im Grunde einseitig ist, in des Wortes eigentlicher Bedeutung! Wir sehen täglich den größten Abgrund über uns und einen meilenweit um uns herum, aber keiner von diesen flößt uns Furcht ein; dagegen macht uns der weit geringere, wenn er abwärts geht, schwindeln; abwärts, das ist eine Seite, vor der wir allen Respekt haben, und doch müssen wir alle abwärts, da erst finden wir Ruhe und Rast.

Von Höhle zu Höhle stiegen wir immer tiefer; bald war es so eng und niedrig, daß wir einzeln, mit gekrümmtem Rücken unter den herabhängenden Kalksteinmassen hingehen mußten, bald so hoch und groß, daß wir bei unsern Lichtern nicht einmal die Seitenwände sehen konnten.

Man zeigte uns sechs verschiedene Abteilungen, aber außer diesen gibt es unendlich viel kleinere Abteilungen, die noch nicht alle besucht sind; vielleicht stehen sie mit der Bielshöhle in Verbindung oder erstrecken sich sogar tief unter den Harz hin.

Rund umher gähnten diese tiefen, dunkeln Abgründe uns entgegen; rund umher hingen die wunderbarsten Stalaktiten, die jedoch nicht alle den Gegenständen entsprachen, denen sie nach des Führers Erklärung ähnlich sehen sollten. Ich glaube, daß es mir doch auch nicht an Phantasie fehlt, aber ich konnte mit ihm nicht einig werden. Übrigens gab es tausenderlei Dinge, die er nicht hervorhob, in denen aber weit mehr Bedeutung lag.

Zu unsern Füßen sprudelte eine Quelle; wir tranken von dem reinen, klaren Wasser; der eine der Reisenden fand hier einen Tierknochen, den er mit sehr vieler Aufmerksamkeit betrachtete und dann versicherte, daß es ganz gewiß ein Überbleibsel aus grauem Altertum sein müsse; ich hatte nichts dagegen, denn er sah ganz natürlich wie ein Knochen von einer Kuh aus, und die Kühe sind von altem Geschlecht.

Die Höhle hat übrigens ihren Namen von ihrem Entdecker. Es war ein Bergmann namens Baumann, der sie im Jahre 1670 zum ersten Mal betrat, um nach Erz zu suchen; er fand keines und wollte nun umkehren, konnte aber den Ausgang nicht finden. Zwei Tage und zwei Nächte kroch er umher, ehe er ihn fand, war aber dann an Körper und Seele so abgemattet, so von der Angst und dem Hunger angegriffen, daß er kurz darauf starb, nachdem er noch so viel Zeit gehabt hatte, auf die innere wunderbare Struktur der Höhle aufmerksam zu machen.

Des unglücklichen Baumanns Schicksal und die Gefühle, die er hier gehabt, durchschauerten mich so lebhaft in diesem Labyrinth von Höhlen und Gängen, daß mein Herz viel stärker schlug; ich fühlte, wie es ihm hier hatte zumute sein müssen, allein, der Angst und dem Hungertode überlassen; erst als ich das helle Tageslicht und Gottes blauen Himmel sah, fühlte ich mich wieder wohl und unter den Lebenden.

Der Altertümler, dessen Bekanntschaft ich hier in der Höhle gemacht hatte, wollte an demselben Abend bis Quedlinburg und nahm seinen Weg über Blankenburg; wir wurden also Reisegefährten. Es war ein sehr gutmütiger Mensch, dessen Lebensglück an einer alten Münze hing; jeden Augenblick zog er seinen Kuhknochen hervor und versicherte, es müsse ein Knochen aus den Zeiten der Hunnen sein; keine Landschaft, das gestand er mir, hatte für ihn das Lächelnde, den geistigen Schmuck wie eine solche Altertümlichkeit. Er fragte mich, ob wir in Dänemark auch solche Überbleibsel aus dem Altertum sammelten; ich mußte ihm erzählen, was ich davon wußte, und als ich von unseren Hünengräbern und Opfersteinen zu erzählen anfing, da pries er mich glücklich, daß ich in einem solchen Lande der Sagen lebe. Er wollte mich durchaus mit nach Quedlinburg haben, um das Schloß, die alte Kirche und alle die vielen Merkwürdigkeiten dort zu sehen. Da gab es auch einen von den sechs Krügen, in denen Christus bei der Hochzeit zu Kanaan Wasser in Wein verwandelt hatte, ein Stück von dem Finger, mit dem Johannes auf Christus hingewiesen, eine Flasche voll von der Milch der Mutter Maria, Erde von Golgatha, Holz von dem Kreuz Christi und anderes mehr, und vor allem merkwürdig war der Kamm, mit dem Heinrich der Vogelsteller seinen Bart gekämmt hatte. Aber alle diese Herrlichkeiten führten mich nicht in Versuchung; mein Verlangen war auf die große Natur gerichtet.

Ich kam nach Blankenburg. Am Tor erkundigte ich mich nach dem Namen des besten Gasthofs; man nannte mir unter andern den „Weißen Adler", und ich wählte diesen, denn der Adler war ja Jupiters und Napoleons Vogel. Zum vis à vis hatte ich zwei Studenten mit roten griechischen Mützen und schottischen Schlafröcken. Große Folianten lagen auf dem Tisch und die Herren selbst mit ihren langen Pfeifen im Fenster, während das alte Schloß Blankenburg, das auf einem Berge erbaut ist, hoch über dem Dach des Hauses hervorragte, das als Vordergrund zu der hübschen Theaterdekoration dalag.

100

Mit einigen Studenten, deren Bekanntschaft ich auf dem Brocken gemacht hatte, ging es nun um vier Uhr morgens in die Berge hinein; unsere Brockensträuße saßen noch ganz frisch auf unseren Mützen, eine Führerin erwartete uns, und so zogen wir sechs Studiosen nun aus der Stadt hinaus nach den Ruinen des alten Bergschlosses Regenstein, die ganz nahe bei Blankenburg liegen. Die Felder standen von Tau bedeckt, es war das starke Sonnenlicht, das Gras und Blumen Wasser in die Augen trieb; wir gingen durch eine Allee von Kirschbäumen und hüpften über den nassen Rasen, indem jeder lustig seine Melodie sang. Die Vögel nahmen sich an uns ein Beispiel, so daß die ganze Gegend von Studenten- und Vogeltrillern widerhallte.

Wir stiegen nun den Felsen hinan, auf dessen höchster Spitze die Ruine des Schlosses Regenstein liegt; das Gemäuer ist verschwunden, aber alles, was in den Felsen selbst eingehauen ist, steht wie eine mächtige Riesenmumie und erzählt von vergangenen Zeiten. Tief unten lagen die Felder wie Beete in einem Gemüsegarten, der Bauer hinter seinem Pflug war ein Schneckenhaus, das auf der Erde hinkroch. Die Kirche, die in den Felsen gehauen ist, wölbt sich noch ebenso fest, den Jahrhunderten trotzend, aber sie ist nur eine große Höhle, ohne Form; die Gemächer, die zu Schlafstellen gedient haben, sind nur Vertiefungen im Felsen, wo die große Steinmasse über den Häuptern schwebt; wir warfen Steine in den tiefen Brunnen hinab und wollten uns schon beinahe wieder entfernen, ehe wir sie fallen hörten.

„Wenn diese Steine sprechen könnten", sagte ich, „da würden sie uns mancherlei erzählen können, was hier geschehen, seitdem Heinrich der Vogelsteller diese Burg erbaute!" Die Blumen rund umher nickten mit ihren großen Köpfen und sahen recht dummstolz dabei aus, als ob sie sagen wollten: „Ja, du hast recht. Wenn wir sprechen wollten, da könnten wir erzählen!" Und sie wußten doch gar nichts; sie waren ja alle Kinder des Jahres, alle schossen mit ihren Blumenstengeln in diesem Frühjahr erst in die Höhe.

Wir ließen uns auf der höchsten Spitze des Felsens nieder, der die Decke der Kirche bildet, und blickten nun recht vergnügt in die weite Welt hinaus. Unter uns hatten vor Jahrhunderten Meßgesänge ertönt und um das heilige Bild der Madonna Ampeln gebrannt, und nun saßen wir, wenn auch, ohne etwas Böses dabei zu denken, und sangen Opernmelodien und machten Witze, so gut jeder konnte. Ich mußte von Dänemark erzählen und vom Meere – dem Meer, das dieses herrliche Gebirgsland nicht kennt, aber wie kann man das Meer jemandem beschreiben, der es nie gesehen hat? Ich wußte es mit nichts Besserem zu vergleichen als mit dem großen blauen Himmel; wenn man den über das flache Feld ausspannen könnte bis an die Grenze des Horizonts, da würde es ein Meer sein. Es schien, als ob dieses Bild ihnen klar würde.

Mit den Augen wie mit den Gedanken verschlang ich gleichsam die weite Aussicht von den Ruinen dieses alten Bergschlosses. Ich sah in die Tiefe hinab und machte dann, wenn ich hinabgesehen hatte, die Augen zu, um gleichsam zu prüfen, ob ich auch die ganze Tiefe aufgefaßt hätte; wenn ich aber die Augen wieder öffnete und wieder hinabsah, da war es doch weit tiefer, als ich mir vorgestellt hatte. Die Ausdehnung nach allen Seiten hin war weit größer, als die Erinnerung umfassen konnte. Ich durchlief das ganze Bild, das die Gedanken sich geschaffen hatten, und verglich es dann mit der Wirklichkeit. Städte und Felsen erhoben sich da in dem weiten Umkreise, die Berge mit ihren Waldungen, Blankenburg mit seinem Schloß, und selbst die kleinen Menschen- und Tierfiguren tief unten traten dann stärker hervor. – Der Regenstein selbst mit seinen engen Gemächern, eingestürztem Brunnen und Treppen, die nur aus der freien Luft in das helle Element führten, erhielt wie ein Bild für sich einen eignen Platz in dem Pantheon meines Gedächtnisses. Eine jede Ruine steht doch da wie ein leibhaftes Heldengedicht, das uns in der Zeit zu andern Menschen, andern Sitten und Gebräuchen zurückversetzt; je höher das Gras in den Rittersälen wächst, je langsamer die Flut über die umgestürzten Pfeiler dahingleitet, desto mehr Poesie findet das Herz in diesem Steinepos; dereinst wird diese Ruine ganz verschwinden, selbst die letzte Spur von des Regensteins ausgehauenen Felsblöcken wird abbröckeln und einstürzen, aber dann wird die Sage von dieser Stelle noch lange fortleben so wie jetzt noch die Erinnerung an manches Werk des Altertums, das längst gänzlich verschwunden ist.

Wir sagten dem alten Bergschloß Lebewohl; ein kleiner Pfad, der sich durch die mit Gebüsch bewachsene Felskluft hinschlängelte, brachte uns nach Blankenburg zurück, von wo wir noch eine Zeitlang der breiten Landstraße folgten, die mit gelben aufgeblühten Rosen bepflanzt war. Unsere Führerin, mit der wir unser Frühstück teilten, ward gesprächig und erzählte uns nun in der freien Natur ihre häuslichen Freuden und Leiden. Ihr Mann trieb das Schneiderhandwerk, war aber für etwas Höheres geboren als für den Tisch, auf dem er saß; vor zwei Jahren gab es eine Hinrichtung in dieser Gegend, die hatte sein schlummerndes Talent geweckt, er war Poet geworden und hatte des Mörders ganzes Leben und Ende in einem herzzerreißenden Liede besungen, das so abgefaßt war, als wenn der Verbrecher selbst es auf seinem letzten Gange sänge, und zwar nach der Melodie „Wir winden dir den Jungfernkranz". „Damit hat er doch vier Taler verdient!" sagte die Frau, „und voriges Jahr zwei Taler mit einem andern über eine Hebamme, die in einer Gosse ertrank. Die Dichtkunst wirft mehr ab als die Nadel, aber jetzt fällt nichts mehr vor, was er besingen könnte, und die Nadel mag er nun nicht mehr führen, so daß es jetzt gar schlimm aussehen würde, wenn ich nicht etwas damit verdiente, daß ich die Reisenden umherführe. – Dort", unterbrach sie sich selbst und zeigte links hin über die Felder, „dort liegt die Teufelsmauer, welche der Teufel damals errichtete, als er sich mit unserem Herrgott um die Herrschaft auf der Erde stritt!"

Ja, uns zur Seite erhob sich dieser wunderbar geformte Erdrücken, der wie die Überbleibsel einer ungeheuren Schanze aussieht und sich so weit hin erstreckt, wie das Auge nur sehen kann. Die Sage erzählt, daß der Teufel nicht damit zufrieden gewesen sei, die Herrschaft über die halbe Erde erhalten zu haben, daß er deswegen den Streit erneuert und nun auch seinen frühern Teil verloren habe, und daß seine stolze Schanze nun niedergerissen worden sei. Andere erzählen, daß sie von den bösen Geistern errichtet worden, als eine Mauer gegen die Lehre Christi, damit diese sich nicht weiter verbreiten sollte; aber die Steine brachen zusammen vor dem lebendigen Wort.

Als ich die Schneidersfrau weiter ausfragte, ob es nicht möglich sei, die edle Dichtkunst zu lernen, vertraute sie mir, daß ihr Mann ein altes deutsches Gesangbuch habe, aus dem er viele Stellen und die besten Reime entnehme, daher hätten auch alle seine Gedichte etwas Geistliches, das sie so rührend machte.

Wir verließen nun die Landstraße und kamen über Felder und Wiesen in grüne Laubwaldungen hinein; nie habe ich so viele Nachtigallen gehört wie hier. – Die Sonne stand hoch am Himmel, aber sie schienen dies in dem dichten Gebüsch nicht zu merken. Gott mag wissen, wie die Leute auf den Einfall gekommen sind, zu behaupten, daß in diesem Gesange etwas Klagendes, etwas Sehnsüchtiges liege; nein, nichts weniger als das! Die Nachtigall hat gerade italienische

Manieren; das meiste sind Triller und Läufer; sie klagt gar nicht, sie singt Bravour-Arien aus vollem Halse. Etwas weit Tieferes und Feierlicheres liegt in dem Gesange der Drossel; sie flötet uns ein nordisches Heldenlied vor, einfach, aber rührend, wenn sie in der Morgenstunde auf den moosbewachsenen Bautasteinen sitzt.

Bald eröffnete sich uns eine herrliche Aussicht; das herrliche Bodetal lag in seiner weiten Ausdehnung vor uns; nun sollten wir daran, die Berge zu besteigen; wir ruhten erst etwas aus, um Kräfte zu sammeln. Darauf ging's bergan; wir ermatteten ganz, während ein paar weiße Schmetterlinge, in großen Ringelreigen umherflatternd, uns ganz bis nach oben begleiteten und uns schwacher Menschenkinder zu spotten schienen. Ganz oben verließen wir unsern weiblichen Führer und bekamen einen männlichen statt seiner; dieser wohnt hier oben, er nahm seine Pistole, und nachdem er sein Birkenwasser getrunken, das wie Champagner schäumte, folgten wir ihm nach der Roßtrappe, dem wildesten und romantischsten Punkte in dem ganzen Harz.

Lotrecht gehen die hohen Felswände in den tiefen Abgrund hinab. Man sieht in eine große, herrliche Bergnatur hinein, wo sich Fels an Fels reiht, fast alle mit dunklem Nadelholz bewachsen, und in der Tiefe, in die hinabzusehen man schwindlig wird, braust die Bode dahin; wir sahen da unten einen Zug von Reisenden, aber die sahen geradeso aus wie Blumen in einem Beete. Die Brücke über den Fluß sah wie ein Spielzeug aus, das aus einem einzigen Weidenbusch gemacht war; der Führer schoß eine Pistole ab, deren Echo in den Bergen widerhallte wie der stärkste Donner. Man zeigte uns in der Felswand eine Vertiefung, die wie ein kolossales Hufeisen aussah und wovon die Stelle hier ihren Namen hat. Der kleine Junge des Führers, der mitgelaufen war, trank aus der hohlen Hand von dem Regenwasser, das sich darin gesammelt hatte, indem die Phantasie ihm gewiß klarer als uns die Sage von der flüchtenden Prinzessin, der wunderschönen Emma vom Riesengebirge, zeigte. Wenn er einmal älter ist, wird er seinem Vater in dem Beruf als Führer folgen und auch gar schön erzählen, wie hier vor vielen tausend Jahren Riesen und Zauberer wohnten, die die hundertjährigen Eichen aus den Bergen herausrissen und sich derselben als Keulen bedienten, womit sie Weiber und Kinder totschlugen; er wird von dem großen Bodo erzählen, der die schöne Emma liebte und sie bis hierher verfolgte, wo sie mit ihrem Pferde hinübersprengte. Aber dann wird er nicht

gez. v. L. Richter

gest. v. W. Deeble

Mägdesprung

mehr selbst, wie jetzt, das große, herrliche Bild in den Farben der kindlichen Phantasie sehen. Jetzt sieht er sie mit der großen, schweren Goldkrone und dem flatternden Gewande von Berg zu Berg fliehen, von Fels zu Fels, durch Täler und Wälder, so daß die hohen Eichen und Buchen von dem Hufschlag des Pferdes niederstürzen, und den wilden Bodo hinterher, so daß die Funken aus den Felsen springen und die Täler rings umher erleuchten. Jetzt ist sie hier am Abgrund angekommen, sie sieht die Tiefe vor sich, wo der Fluß schäumend über Felsstücke dahinbraust, und doch erscheint die gegenüberliegende Felskuppe noch entfernter als diese ungeheure Tiefe; hinter sich hört sie Bodos schnaubendes Roß, und in der Angst der Verzweiflung ruft sie den Ewigen an, drängt sie die scharfen Sporen in die Seite ihres Pferdes, das seinen Huf so fest in den Fels drückt, daß er nach Jahrtausenden noch dasteht, und mit einem Sprunge über den tiefen Abgrund dahinfliegt – und sie ist gerettet, nur die goldne Krone fällt ihr von ihrem Haupte in die Tiefe, in den Wirbel des Stromes hinab, wohin der wilde Bodo ihr nachfolgt und zerschmettert auf dem harten Fels liegt.

Alle diese Träume der Phantasie werden verduften, der Kleine wird auch einmal wie sein Vater ruhig dastehen und sein Pistol abfeuern und vielleicht höchstens berechnen, wie groß diesmal die Einnahme von der Reisegesellschaft sein kann. Aber Träume sind ja Blumen! Es gibt böse und gute! Blumen müssen verduften, allein auf dem alten Stengel wachsen wieder neue! Vor der neuen Kinderschar wird auch wieder die Prinzessin mit der goldenen Krone und dem fliegenden Gewande vorbeijagen, sie werden auch, wie jetzt dieser Kleine, in den Fluß hinabschauen und glauben, daß sie das rote Gold aus dem Wasser hervorschimmern sähen, das einst so groß und tief war, daß ein Taucher vor dem versammelten Volke sich hinabstürzte und auch die goldene Krone fand, die er so hoch emporhob, daß die Spitzen über die Oberfläche hervorragten. Aber sie war groß und schwer; zweimal fiel sie ihm aus den Händen; das Volk rief ihm zu, daß er noch einmal auf den Grund hinabgehen solle, er tat es – ein Blutstrahl schoß durch das Wasser herauf, man sah weder ihn noch die goldene Krone jemals wieder.

Hier verließ ich die Studenten und zog weiter vorwärts in die große, schöne Welt. Dicht unter dem Felsen lagen Blechhütten, an denen ich vorbei mußte, ich bedurfte also keines Führers; man schwang die Hüte zum Abschied und winkte mir noch mit den Taschentüchern, als ich schon halb unten war; es war mir ganz wunderbar zumute, ihr Lebewohl zu vernehmen, gewiß das letzte in diesem Leben; denn wie sollten wir je wieder im Leben zusammenkommen? Es liegt etwas eigentümlich Interessantes darin: sich zu begegnen, sich kennenzulernen und dann auf immer zu trennen.

Bald war ich unterhalb der Roßtrappe, die Bode brauste vor mir über die großen Steine hin, und an der andern Seite lief die Landstraße an den rotbedachten Häusern vorbei; aber ich sah keine Brücke –; ich mußte hinüber, aber wie? Ich lief an dem Ufer des Flusses entlang, aber so weit ich nach beiden Seiten hin sehen konnte, war kein anderer Übergang möglich, als durchzuwaten oder von Felsstück zu Felsstück zu springen; ich wählte das letztere, kam aber nicht weiter als bis in die Mitte des Flusses, wo der Strom auf beiden Seiten um den großen Steinblock brauste, auf dem ich stand. Endlich entdeckte ich eine ziemliche Strecke weiter, wo der Fluß eine Krümmung machte, eine Brücke.

Als ich nach den Blechhütten kam und mich dem Wirtshaus näherte, glaubte ich, daß ein feindliches Heer sein Quartier darin aufgeschlagen hätte. Es war ein Lärm, als wenn Tische und Stühle übereinandergeworfen würden; ich trat in die Gaststube hinein, und die ganze Mannschaft bestand aus – vier Jenenser Studenten. Sie trugen vollständig Burschentracht, und jeder hatte einen grünen Eichenkranz um den Kopf, von dem ihnen das Haar in langen Locken über die weißen, gestickten Halskragen herabhing. Sie sangen alle vier aus voller Kehle und trommelten dabei mit den Bierflaschen auf den Tisch, daß Gläser und Teller tanzten. Übrigens sahen sie recht gutmütig aus und machten eine Pause in ihrer musikalischen Übung, als ich eintrat. Wir kamen bald in ein Gespräch; sie wollten eine Brockenreise machen und waren zu Fuß von Jena gekommen. Als sie hörten, daß ich ein Däne und Student war, fragten sie mich allerlei; sie wollten wissen, ob wir keine Burschenschaften hätten und welche Farben ich trüge, und da ich ihnen die Versicherung gab, daß wir nichts von alledem kennten, zeigten sie mir ihre Mützen und erzählten mir, daß sie Sands Farben trügen. Ob ich Sand kennte? Und nun flammten ihre Augen, indem sie sagten, welch ein herrlicher Mensch dies gewesen; sie waren noch Kinder gewesen, als er hingerichtet wurde, aber sie erinnerten sich seiner noch ganz gut und wie sein Kopf von dem Richtschwert des Henkers gefallen war.

Ihre Vorstellungen von Dänemark waren übrigens äußerst unvollkommen; so glaubten sie zum Beispiel, daß bloß die niedere Klasse dort dänisch spreche, daß aber Französisch die Sprache des Hofes und der Gebildeten sei.

Als ich den Namen Oehlenschläger nannte, fragten sie, ob wir einige von seinen Stücken übersetzt hätten; ich antwortete, daß wir sie im Original besäßen, und nun wunderten sie sich nicht wenig, als sie hörten, daß Oehlenschläger ein Däne sei, daß er in Dänemark lebe und dort schreibe. Ich mußte ihnen beschreiben, wie er aussehe, ihnen von ihm und seinen Arbeiten erzählen, und als sie hörten, daß ich den Dichter persönlich kenne und daß er sich gerade jetzt in Deutschland aufhalte, da sahen sie mich recht freundlich an, und als wir voneinander schieden, schenkte mir der eine seinen Eichenkranz, den er von seinem Kopfe nahm und an meiner Mütze befestigte; natürlich erhielt ich den nur Oehlenschlägers wegen.

Mein Weg führte mich nun nach Gernrode; wenn sich aber nicht eine reisende Harfenistin des friedlichen Wanderers angenommen hätte, so würde ich mich in den grünen Laubwäldern verirrt haben. Nachdem sie mich auf den rechten Weg geführt hatte, setzte sie sich auf einen Stein unter einem großen Nußbaum und spielte mir noch zum Abschied ein Stück vor, dann trennten wir uns, sie mit der Harfe auf dem Rücken und ich mit der Harfe im Herzen, beide mit der Absicht, der Welt etwas vorzusingen.

Wälder und Wiesen wechselten miteinander, ich erblickte auch zwischen dem hohen Gebüsch eine alte Bergruine, die sah sehr altertümlich aus, wurde jedoch gerade durch ihr Alter die Zierde der Gegend. Es war, als habe Ossian gerade diese im Sinne gehabt, als er sang: „Hier schüttelt der Efeu sein Haupt, und der Fuchs sieht zum Fenster hinaus." Es waren die letzten Überreste des Schlosses Lauenburg.

Gernrode ist ein kleiner, stiller Ort; ich sah beinahe gar keine Menschen auf der Straße, aber in einem kleinen Hause stand ein Fenster offen, und ich hörte eine weibliche Stimme ein hübsches Lied von der Liebe singen. Ich horchte, und da die Unsichtbare nicht erschien, nahm ich den Eichenkranz von meiner Mütze und legte, nachdem ich ein Blatt davon bewahrt, ihn zum Dank für den Gesang schweigend auf der Türschwelle nieder; dann wanderte ich zur Stadt hinaus.

Als ich mich dem Mägdesprung näherte, ging die Sonne unter; es war ein vollkommenes Halbdunkel auf dem Wege zwischen den Bergwänden, aber das Licht fiel desto stärker auf die Gipfel der Bäume, welche lange schwarze Schatten warfen. Hier holte ich zwei Schüler ein, mit denen ich auf dem Brocken zusammengewesen war; der eine war aus Berlin, der andere aus Magdeburg; sie waren während ihrer Schulferien in die große Natur hinausgeflattert.

Wir begegneten auf der Straße auch einem Kerl, der so aussah, als sei er, so wie er leibte und lebte, eben aus einer Räubergeschichte entsprungen; aber er tat uns nichts, als er sah, daß wir so mannsstark waren; wir taten ihm auch nichts, und damit war seine Artigkeit bezahlt.

Bald sahen wir das schwarze eiserne Kreuz auf dem Felsen über uns, von dem sich, wie die Sage erzählt, ein junges Mädchen herabstürzte, als der fürstliche Liebhaber ihr nachsetzte; doch fand sie nicht den Tod, der liebe Gott ließ den Wind sie langsam herabtragen, wo die wilden Brombeeren zwischen den Felsen wachsen. Ottomar erzählt uns, daß zwei Riesenmädchen hier auf der steilen Felswand spielten; die eine hüpfte über den großen Abhang weg, wo jetzt der Weg geht, aber die andere fand den Sprung doch etwas bedenklich; sie zögerte erst ein wenig, sprang dann aber doch zu, so daß ein Abdruck ihres Fußes im Stein blieb. Ein Bauer, der unten pflügte, sah dies und lachte über die große Dame, weswegen sie ihn mit seinem Pflug und seinen Ochsen in ihre Schürze nahm und ihn mit nach Hause in die Berge brachte.

Es sind nicht bloß die großen Felsmassen mit ihren unübersehbaren Waldungen, das hohe Gebüsch, das sich über den brausenden Fluß hinschlängelt, oder die tote Steinmasse eines halb verfallenen Gebäudes, welche diese Gegend romantisch machen; erst wenn sich an diese Natur die eine oder andere Sage knüpft, erscheint das Ganze in seiner vollkommenen magischen Beleuchtung, die es so recht hervorhebt, dann bekommen die toten Massen Leben, es ist keine tote Dekoration mehr, es kommt Handlung hinein, jedes Blatt, jede Blume steht da wie ein redender Vogel und die Quelle wie eine singende Fontäne, die ihre ewig rieselnden Akkorde zu diesem Melodrama der Geister schlägt.

Die Gegend rund umher bekam einen doppelten Reiz für mich durch ihre Sagen; auch auf diesem Wege war Leben und Bewegung; wir begegneten Kohlenbrennern mit schwarzen, charakteristischen Gesichtern und Bauernmädchen, die wie Milch und Blut aussahen. Ein kleiner Fluß, die Selke, rauschte an uns vorüber; der erzählte gewiß, was wir übrigens selbst sahen, daß alles sehr schön sei.

Bald hörten wir Geräusch aus den zahlreichen Werkstätten; wir stiegen nach dem merkwürdigen eisernen Obelisken hinauf, den der Herzog hier im Jahre 1812 zum Gedächtnis seines verstorbenen Vaters hatte errichten lassen. Wir schrieben unsere Namen mit Bleistift an denselben, wie so viele andere vor uns schon getan hatten. „Unsterblich zu werden", das ist doch ein Gedanke, der selbst auf oft recht kindische Weise aus der armen Menschenbrust hervorleuchtet. Bald werden Regen und Schnee diese bleistiftene Unsterblichkeit auslöschen, und ein neues Geschlecht wird seinen Namen wieder dahin schreiben, bis endlich auch der Obelisk selbst von der Zeit ausgelöscht wird. So suchen auch wir auf der Lebensreise unsern Namen an den großen Obelisken der Welt anzuschreiben, wo ein Name dem andern Platz machen muß, bis diese große Schreibtafel selbst in Stücke gehen wird. Gott weiß es, welcher Name als der letzte darauf stehen wird! Wahrscheinlich der des Baumeisters, der ihn zu seiner eigenen Ehre und des Ganzen Verschönerung aufrichtete.

In Alexisbad waren noch keine Gäste angekommen, sie pflegten erst in den warmen Sommermonaten sich einzufinden. Die Quelle befand sich in einem tempelförmigen Gebäude, in dem man auf breiten, steinernen Treppen zu derselben hinabstieg. Hier saß ein junges Mädchen mit ihrem Krug, das war Rachel am Brunnen; der Mann, der uns das Wasser reichte, war auch, was man in Dänemark einen „langen Laban" nennt. Die Schüler und ich standen da wie durstige Kamele, die von der Hitze und dem Marsch des Tages müde waren, so daß wir zusammen ein vollständiges Gemälde aus der biblischen Geschichte bildeten.

Ein wunderbares Eilen und Drängen mit allem macht eigentlich meinen Grundcharakter aus! Je interessanter mir ein Buch ist, desto mehr eile ich, es durchzulesen, um den ganzen Eindruck davon zu bekommen; selbst wenn ich auf der Reise bin, ist es nicht so sehr die

Gegenwart, die mir Freude macht, ich eile nach etwas Neuem, um wieder zu etwas anderem zu gelangen; jeden Abend, wenn ich mich zur Ruhe begebe, sehne ich mich nach dem nächsten Tage, wünsche, daß er erst dasein möge, und wenn er da ist, so ist es doch wieder meine entferntere Zukunft, die mich beschäftigt. Der Tod selbst hat etwas Interessantes, etwas Herrliches für mich, weil sich mir dann eine neue Welt eröffnet. Was mag es wohl eigentlich sein, dem mein unruhiges Ich nachstrebt?

Lebensfrisch und herrlich lag die frühlingsgrüne Natur rings umher und atmete Freude und Ruhe, während es wie ein dunkler Flor über meinem Herzen lag; doch, dachte ich, warum die frischen, farbigen Blumen beneiden? Laß sie ihren Wohlgeruch spenden, in einigen Monaten werden sie verwelkt sein; die Quelle, die jetzt so lustig sprudelt, verliert sich ins Meer, und dieses selbst, das in seiner Größe anschwillt, wird verdunsten. Laß die Sonne mit ihren heißen Strahlen spielen, auch sie wird mit dem Himmel wie ein Kleidungsstück wechseln, wenn mein Herz, das selbst in Wehmut über seine eignen Träume dahinschmilzt, lebensfroh in seliger Erhebung dem Unendlichen entgegenjubelt. .

In der Reihe „Niedersachsens Träume" sind folgende Bände erschienen:

Rolf Denecke
Goethes Harzreisen
Hier werden die drei in mancher Hinsicht abenteuerlichen Harzreisen des großen deutschen Dichters erstmals in die Ganzheit von Leben und Werk Goethes eingefügt. In einem einleitenden Kapitel ist das Wesentliche über den Lebenslauf bis zur ersten Harzreise zusammengefaßt.
Best.–Nr. 8200 – 186 Seiten und 13 Tafeln mit Zeichnungen von Goethe und Kraus.

Rolf Denecke
Romantische Harzreisen
Reiseaufzeichnungen von Joseph von Eichendorff, Heinrich Heine und Hans Christian Andersen.
Best.–Nr. 8201 – 110 Seiten und 12 Tafeln nach Stahlstichen von Ludwig Richter

Henniger/Harten
Niedersachsens Sagenborn
In diesem Buch ist eine Vielzahl von mythologischen, geschichtlichen und ortsbezogenen Sagen und Schwänken zusammengetragen. Der Leser hört von Menschen, Hexen, Teufeln, Geistern und lernt typische niedersächsische Sagengestalten kennen. Darüber hinaus gewinnt er einen Einblick in die Sprache und die landschaftliche Beschaffenheit der Region.

Band 1 *enthält die Sagen des südlichen Niedersachsens und das Harzgebiet bis Hildesheim*
Best.–Nr. 8915 – 294 Seiten mit vielen Abbildungen
Band 2 *umfaßt das Gebiet von Hannover bis zur Waterkante einschließlich Hamburg und Bremen*
Best.–Nr. 8916 – 288 Seiten mit vielen Abbildungen

Henniger/Harten
Harz–Sagen
In 50 ausgewählten Sagen wird der Harz dem Leser vorgestellt. Das Buch ist eine Bereicherung für Harzfreunde und alle, die diese Landschaft kennenlernen möchten.
Best.–Nr. 8914 – 96 Seiten mit vielen Abbildungen